BASIC NORWEGIAN REA

Edited by

KENNETH G. CHAPMAN

University of California, Los Angeles

Illustrated by CLAUS HØIE

HOLT, RINEHART AND WINSTON

NEW YORK · TORONTO · LONDON

Library of Congress Catalog Card Number
65-13020

PRINTED IN THE UNITED STATES OF AMERICA
31372-0116

PREFACE

This reader is designed to be used in connection with *Spoken Norwegian, Revised* by Einar Haugen and Kenneth G. Chapman. The subject matter and vocabulary of each reading selection have been coordinated as closely as possible with those of the lesson in *Spoken Norwegian* after which the selection is to be read. At the same time an attempt has been made to include only reading selections of genuine literary value, so that the reader may serve as an introduction to Norwegian literature. Where these various principles of selection have conflicted with each other, the demands of vocabulary content have been given precedence. The vocabulary items in the side column on each page re-occur, either in later selections in the reader or in the basic conversations in *Spoken Norwegian*. They are not glossed when they appear again in the reader, and therefore they should be learned by the student when they first occur. They are included in the final Norwegian–English vocabulary. The words which are footnoted in each selection occur only in that selection, and will not be found in the final vocabulary.

The questions after each reading selection may be answered either orally or in writing, depending on the interests of the teacher.

The reading selections in New Norwegian and older orthographic norms of Standard Norwegian to be found in the Appendices are intended only as an introduction to the myriad of forms of literary Norwegian. The student must not expect to find all possible spellings of Norwegian described in these appendices, but by studying the basic orthographic norms presented there he should be able to orient himself in almost any Norwegian literary text, as well as many Danish ones.

Thanks are extended to Johan Borgen, Sigurd Evensmo, Arthur Omre, Halldis Moren Vesaas and Arnulf Øverland for permission to use their stories and poems ; to Gyldendal Norsk Forlag for permission to use the selections from the writings of Nordahl Grieg, Knut Hamsun, Sigurd Hoel and Alexander L. Kielland ; to H. Aschehoug for permission to use the selection by Sigrid Undset ; and to Noregs Boklag for permission to use the poem by Tor Jonsson. Special thanks are extended to Professor Einar Haugen, who gave the manuscript a careful reading and made many valuable corrections and suggestions.

K. G. C.

TABLE OF CONTENTS

Lesestykke, ellevte lekse:

TO FABLER[1]

av Johan Borgen (1902–)

1. DE TRE TIDENE

Løven og lammet gresset en gang side om side. Da sa lammet til løven :

— Tro hva tid vi egentlig lever i, Løve?

— Tid ? sa løven, vi lever, er ikke det nok! Den tid vi lever i er dessuten alltid vår tid; ellers lever vi ikke, sa den.

løve (en) *lion* lam (et) *lamb* gresse (-et, -et) *graze* side om side *side by side* tro hva *I wonder what* egentlig (*adv.*) *really*

leve (-de, -d) *live*

Lammet tenkte litt på dette der det gikk og bet av gresset i bunnen[2] av en liten dal.

— Du er vis, Løve, sa det så, og naturligvis har du rett i at denne tiden vi lever i er vår tid — for oss i all fall. Hva jeg mente var at jeg alltid har hørt at det var tre tider : En fortid, som var skjønn, men grusom[3] ; en nåtid, som var bare grusom[3] ; og så en

bite (bet, bitt) *bite* : gikk og bet av gresset *was eating the grass* gress (et) *grass* dal (en) *valley* vis (*adj.*) *wise* naturligvis (*adv.*) *naturally* rett : ha rett i *be right about*

fortid (en) *past*

nåtid (en) *present*

1. fabel (en) *fable*. 2. bunn (en) *bottom*. 3. grusom (*adj.*) *cruel, gruesome*.

framtid (en) *future*
fredelig (*adj.*) *peaceful*

høre av *hear from*

klok (*adj.*) *wise*

hode (et) *head* : bet hodet av *bit off the head of* minne (-te, -t) (på) *remind* (*of*) nok (*modal adv.*) *I guess*

framtid som var så fredelig at løven og lammet gresset side om side. Dette har jeg hørt av en klok gammel bukk[4], og derfor trodde jeg dette var framtiden.

Da bet løven hodet av lammet og sa :

— Når du minner meg på det, et det nok helst fortiden likevel.

2. SNØEN

I

falle (falt, falt) *fall* bli borte *disappear, go away* bli igjen *remain, be left* våt (*adj.*) *wet* tørre (-et, -et) *dry* (*out*) òg = også den var det ikke stort ved *there wasn't much to that* hage (en) *garden* så kom det ny snø *then new snow came* lå : *past of* å ligge

ordentlig (*adv.*) *really* sur (*adj.*) *sour*, (*here*) *nasty*

jord (ei) *earth* dekke (-et, -et) *cover* blomsterbed (et) *flower bed* eng (ei) *meadow* skog (en) *forest*

fortsette (-satte, -satt) *continue*
lyd (en) *sound*
svak (*adj.*) *weak* et sted (*here*) *somewhere*
overleve (-de, -d) *survive*

Den første snøen falt og ble borte. Det ble bare litt vått igjen av den, og så tørret det òg.

— Den var det ikke stort ved, sa de i hagen.

Så kom det ny snø. Den lå litt, så ble den borte den også. — Det var ikke stort ved den heller, sa de.

Så blåste[5] det ordentlig opp, det ble surt og kaldt, og snøen kom for tredje gang. Den lå på jorda, dekket blomsterbedene og engene, og la seg over skogen.

— Det var da en avskyelig[6] snø ! sa de i hagen.

Men det fortsatte å snø. Snart var det bare bølgende[7] hvitt alt sammen, ikke en lyd, bare et svakt stønn[8] fra et sted :

— Dette overlever vi aldri.

II

Da sola kom, gikk snøen fort. Snart kom

4. bukk (en) *ram.* 5. blåse (-te, -t) *blow* : blåse opp *blow up* (*to a storm*). 6. avskyelig (*adj.*) *disgusting, revolting.* 7. bølgende (*adj.*) *billowing.* 8. stønn (et) *groan.*

det grønne blad, blomster spraket[9] i rødt og blått, og gresshoppene sang.

— I vinter ja, var det en som sa. Det var da det var så mye snø.

— Nei, var det *det* da? sa en annen.

grønn (*adj.*) *green* blad (et) *leaf* blomst (en) *flower* rød (*adj.*) *red* gresshoppe (en) *grasshopper* synge (sang, sunget) *sing* var det en som sa *someone said* det var da *that was when*

9. sprake (-et, -et) *sparkle.*

SPØRSMÅL

A. *De tre tidene*

1. Hva er de tre tidene?
2. Hvor var løven og lammet?
3. Hva gjorde de der?
4. Hva ville lammet vite av løven?
5. Hvilken tid sa løven at de levde i?
6. Hva hadde lammet hørt om fortiden og nåtiden?
7. Hvordan trodde det framtiden ville bli?
8. Hvor hadde lammet hørt alt dette?
9. Hvorfor trodde det at de levde i framtiden?
10. Hadde lammet rett i det?

B. *Snøen*

1. Lå den første snøen lenge?
2. Ble det noe igjen av den?
3. Hva sa de i hagen om den?
4. Hva hendte så?
5. Kom det mye snø tredje gang?
6. Hva syntes de i hagen om den?
7. Trodde de at de skulle overleve?
8. Hva var det som hendte da sola kom?
9. Husket alle i hagen at det hadde vært så mye snø i vinter?
10. Pleier folk å glemme fort det som er ubehagelig?

Lesestykke, tolvte lekse :

HUNDEN

av Arthur Omre (1887–)

Hunden, en stor og svart hund, fulgte sakte etter. Jeg følte meg ikke helt trygg, hadde ikke lyst til å vende ryggen til den. Når jeg stanset og stirret på den, satte den seg og så på meg, som om jeg var et merkelig dyr. Den skakket[1] på hodet.

— Gå nå hjem med deg, sa jeg. Men den ble rolig sittende. Når jeg gikk videre, fulgte den etter, fire, fem skritt etter. Den labbet tungt men bløtt[2], som en bjørn nesten. Jeg tenkte at det måtte være en newfoundlender[3]. Det er kloke dyr.

Da jeg nærmet meg et lite hus, gikk den forbi meg, bjeffet[4] kort mot huset og satte seg foran trappen. Jeg følte ingen lyst til å gå forbi den på den smale veien.

En kvinne først i tredveårene kom i døren, nikket til meg, en pen blond kvinne. Hun så snill ut. Hun stirret på meg uten å smile. Jeg spurte om veien til stasjonen.

—Jeg er kommet litt på avveier[5], sa jeg. —Jeg kom over skogen fra " K ".

—Ja, da er De nok kommet på avveier[5], sa hun. — De må gå tilbake helt til krysset og så ta den smaleste veien opp til venstre og så andre veien opp til høyre igjen. Det er nokså langt, men det går en snarvei, ja, den finner De vel ikke fram på . . . det måtte være . . .

svart (*adj.*) *black* følge (fulgte, fulgt) *follow* : følge etter *follow along after* sakte (*adv.*) *slowly* føle (-te, -t) seg *feel* trygg (*adj.*) *safe* rygg (en) *back* stirre (-et, -et) (på) *stare* (*at*) satte : *past of* å sette som om *as if* merkelig (*adj.*) *strange* dyr (et) *animal*

ble sittende *remained sitting* rolig (*adv.*) *calmly, quietly* videre (*comp. adv.*) *farther* skritt (et) *step, pace* labbe (-et, -et) *pad along* tungt (*adv.*) *heavily* bjørn (en) *bear*

nærme (-et, -et) seg *approach*
forbi (*prep.*) *past* kort (*adv.*) *shortly, curtly* trapp (en) *stairs, steps*
smal (*adj.*) *narrow*
kvinne (en) *woman* først i tredveårene *in her early thirties* dør (en) *door* nikke (-et, -et) *nod* blond (*adj.*) *blonde* smile (-te, -t) *smile* : uten å smile *without smiling*

er kommet = har kommet
over skogen = gjennom skogen
nok (*modal adv.*) *indeed, surely*
kryss (et) *cross-roads*
smal (*adj.*) *narrow*

snarvei (en) *shortcut*
finne fram *find one's way* det måtte være *unless*

1. skakke (-et, -et) på hodet *cock* (*tilt*) *one's head.* 2. bløtt (*adv.*) *softly.* 3. newfoundlender (en) *Newfoundland dog.* 4. bjeffe (-et, -et) *bark.* 5. avvei : komme på avveier *get lost.*

— Er det Deres hund? sa jeg.

— Ja, sa hun. — Den er min.

— Er det en newfoundlender[3], spurte jeg.

— Det er nok en kryssning[6], sa hun.

— Men det er nokså mye newfoundlender[3] i den. Den er snill.

— Den ville nok bli sint om noen snakket hardt[7] til Dem, sa jeg.

— Det kan De stole på[8] at den ville bli, sa hun, og smilte litt. — Det er liksom den som er lensmannsbetjent[9] her omkring, da. Den passer nok på, Bjørn, ja.

Hunden snudde sakte på hodet, så på henne, logret sakte, og så på meg igjen.

— Den kom ut av skogen nede ved krysset og fulgte etter meg hit, sa jeg.

— Ja, den har en plass som er *dens* der nede, sa hun. Der graver den ned ben. Så tar den seg en tur ned og ser etter at ingen har gravd dem opp, av og til. Den følger forresten sjelden etter noen. Den pleier å løpe gjennom skogen for å varsle[10] meg lenge før de kommer forbi her, når det er fremmede. Kjente folk bryr den seg sjelden om å varsle[10]. Det må da være at jeg venter noen.

— Den kjenner altså til det når De venter noen?

— Ja, det gjør den jo, sa hun selvfølgelig.

nok (*modal adv.*) *I guess, probably*

nok (*modal adv.*) *I bet, I imagine* sint (*adj.*) *angry*

smile (-te, -t) *smile* liksom (*adv.*) *sort of*
passe (-et, -et) på *watch, guard* nok (*modal adv.*) *you can be sure*
snu (-dde, -dd) (på) *turn*

logre (-et, -et) *wag the tail* sakte (*adv.*) *slowly*

følge etter *follow along after* hit (*adv.*) *to here*
dens *its* (*i.e., the dog's*)

grave (-de, -d) *dig*: grave ned *bury* ben (et) *bone*
se etter *check*

av og til (*adv.*) *now and then*

forresten (*adv.*) *however, for that matter* sjelden (*adv.*) *seldom* løpe (-te, -t) *run* for å *in order to, to* forbi (*adv.*) *past* fremmed (*adj.*) *strange*: fremmede *pl. strangers* bry (-dde, -dd) seg om *bother about* vente (*followed by direct object*) *expect* kjenne til *know about* altså (*adv.*) *so, thus*

6. kryssning (en) *mixture,* (*here*) *mongrel.* 7. hardt (*adv.*) *harshly.* 8. stole (-te, -t) på *depend on.* 9. lensmannsbetjent (en) (*rural*) *police deputy.* 10. varsle (-et, -et) *warn, give notice of.*

—Jeg pleier gjerne fortelle den at i dag kommer den eller den.

gjerne (*adv.*) (*here*) *usually*

— De er vel både tørst og sulten når De har gått så langt, sa hun.

tørst (*adj.*) *thirsty*

— Nå-å-å, sa jeg. — Om jeg kunne få kjøpt litt melk?

kunne få kjøpt *might buy*

— De får vær så god komme inn, sa hun. —Jeg har da melk. Gå litt til siden du Bjørn, så mannen kan komme inn.

(*fortsettes*)

fortsettes *to be continued*

SPØRSMÅL

1. Hvor skulle mannen hen?
2. Hvor traff han hunden?
3. Hva slags hund var det?
4. Hvordan labbet den?
5. Hva gjorde den da mannen stanset og stirret på den?
6. Hva gjorde den da mannen nærmet seg huset?
7. Hvem kom i døra?
8. Når ville hunden bli sint?
9. Hvorfor var den nede ved krysset?
10. Hva gjorde den av og til?
11. Pleide den å følge etter folk?
12. Varslet den når kjente folk kom?
13. Hvordan visste den at kvinnen ventet noen?
14. Synes De at denne hunden var klok?
15. Hvorfor gikk mannen inn i huset?

Lesestykke, trettende lekse:

HUNDEN

(fortsatt)

Hunden reiste seg og labbet et par skritt til siden og satte seg. Logret sakte da jeg gikk opp trappen. Jeg kom inn i en ren stue. Kvinnen gikk ut i kjøkkenet og kom tilbake med en mugge[1] melk og glass på brett[2]. Jeg la merke til at hun var svært pen, velbygd, i ny blå kjole. Det blonde håret glatt[3] på et vakkert hode. Men det lå noe stillestående over ansiktet. Hun virket[4] apatisk[5].

— De skal straks få kaffe, sa hun. — Jeg skal ha meg en kopp selv. Jeg fikk kjøpt god kaffe forrige uke. Den er ellers nokså dårlig kaffen, nå for tiden. De bryr Dem kanskje ikke om kaffe?

— Jeg er veldig glad i kaffe, sa jeg.

— Det var mannen min også, sa hun.

— Han er kanskje død? sa jeg forsiktig.

— Nei, han er nok ikke død, sa hun rolig. — Han reiste fra meg for to år siden. Vi var gift bare et år. Han reiste til en annen.

Slik snakker barn og naive mennesker,

reise (-te, -t) seg *get up*

kjøkken (et) *kitchen*

velbygd (*adj.*) *having a nice figure, well-built*
kjole (en) *dress*

stillestående (*adj.*) *static, (here) expressionless* ansikt (et) *face*

fikk kjøpt *was able to buy*

forrige (*adj.*) *former*: forrige uke *last week*
nå for tiden *nowadays* bry seg om *care about, like*

være glad i *be fond of, like*

mann (en) *husband*

død (*adj.*) *dead* forsiktig (*adv.*) *carefully*

reise fra (noen) *leave, desert*

slik (*adv.*) *thus* barn (et) *child* naiv (*adj.*) *naive* menneske (et) *person, human being*

1. mugge (en) *pitcher.* 2. brett (et) *tray.* 3. glatt (*adj.*) *smooth.* 4. virke (-et, -et) *seem to be.* 5. apatisk (*adj.*) *apathetic.*

tenkte jeg. De forteller åpent om alt. Det må være godt å kunne gjøre det.

— Det var leit, sa jeg. Noe måtte jeg si.

— Ja, det var leit, sa hun stille. — Vet De, sa hun. — De ligner svært mye på mannen min. De kunne godt være en eldre bror av ham. Han er noen år yngre enn Dem. Det var derfor Bjørn fulgte etter Dem. Den syns De lignet mannen min. Ja, ikke at den tok feil av Dem og ham. Men den syns nok at De lignet svært mye.

— Å nei . . ., en hund ser ikke særlig godt.

— Jo da, sa hun. — Det er nok derfor den fulgte etter Dem. Den pleier ikke å følge etter folk slik. Den syns at det var rart, så mye De lignet mannen min. Jeg kjenner Bjørn.

Det duftet[6] kaffe fra kjøkkenet. Hun gikk ut og kom snart etter inn med kaffe og tykk fløte og sukker og småkaker. Et fotografi på kommoden[7] kunne gjerne ha vært et bilde av meg selv, ti år før. Hun la merke til at jeg så på bildet.

— Vi er ikke skilt heller, sa hun.

— Det kan De vel bli når som helst? sa jeg.

— Jeg vil helst ikke skilles, sa hun. — Jeg vil vente en tid ennå. Jeg lovet en god del da vi stod ved alteret[8].

— Det tør kanskje hende at han kommer tilbake, sa jeg.

åpent (*adv.*) *openly, candidly*
å kunne (*infinitive*) *to be able to*

lei : det var leit *that's too bad*
stille (*adv.*) *quietly*

ligne (-et, -et) (på) *resemble*
mann (en) *husband*

syns = synes

feil (en) *mistake* : ta feil av *mistake, confuse*

slik (*adv.*) *thus*

ligne (-et, -et) *resemble*

kjøkken (et) *kitchen*

etter (*adv.*) *after* tykk (*adj.*) *thick*
småkake (en) *cookie*
gjerne (*adv.*) (*here*) *possibly* : kunne gjerne ha vært *might well have been*

skilt (*adj.*) *divorced*

skilles (-te, -t) *get divorced, separated*
en tid *a while* en god del *quite a bit*

tør (*past* : turde) *dare* : det tør kanskje hende *maybe it will happen*

6. dufte (-et, -et) *smell of.* 7. kommode (en) *dresser, chest of drawers.* 8. alter (et) *altar.*

stille (*adv.*) *quietly*
forsyne (-te, -t) *supply* : forsyne seg *help oneself* (*to food*)
menneske (et) *person, human being*   ikke på en uke *not for a week*

—Jeg vet ikke, sa hun stille. —Na må De bare forsyne Dem. Det var hyggelig å snakke med et menneske. Jeg har ikke snakket med noen på en uke. Og De ligner ham så mye. Det er ganske rart . . .

hvile (-te, -t) *rest*
få lov *be allowed*

Vi ble sittende nokså lenge. Jeg hadde gått langt og trengte å hvile. Jeg fikk ikke lov å betale.

nå skal De høre *listen, I have an idea*
følge (*here*) *accompany*
vei (*here*) *distance*
handle (-et, -et) *shop*
småting (en) *little thing*

— Nå skal De høre, sa hun. — Bjørn kan følge Dem snarveien. Det blir ikke mye over halve veien. Han kan handle for meg også. Jeg trenger noen småting. Kom, du Bjørn, sa hun.

veske (en) (*shopping*) *bag*
skrev : *past of* å skrive
den ene vesken *one of the bags*

Hunden labbet opp trappen, satte seg i stuen. Hun heftet[9] på den en liten sele[10] med veske på hver side. Så skrev hun på et ark[11] og la det i den ene vesken.

(*fortsettes*)

9. hefte (-et, -et) *fasten.* 10. sele (en) *harness.* 11. ark (et) *sheet of paper.*

SPØRSMÅL

1. Hva fikk mannen å drikke ?
2. Brydde han seg om kaffe ?
3. Var kvinnens mann død ?
4. Hadde de vært gift lenge ?
5. Hvorfor syntes mannen at kvinnen var naiv ?
6. Hva syntes han om det som kvinnen fortalte ?

7. Hvorfor hadde hunden fulgt etter mannen?
8. Var han yngre eller eldre enn kvinnens mann?
9. Hvorfor ville hun ikke skilles?
10. Hvorfor syntes hun det var hyggelig å snakke med et menneske?
11. Hvorfor ble mannen sittende så lenge?
12. Måtte han betale for melken og kaffen?
13. Hvordan skal mannen finne fram til stasjonen?
14. Hva skal hunden gjøre der?
15. Hvordan kan den gjøre det?

Lesestykke, fjortende lekse:

HUNDEN

(fortsatt)

skogsti (en) *forest path*

halvtime (en) *half hour*

plass (en) (*here*) *small farm*

stikke (stakk, stukket) *stick,* (*here*) *slip, go*

bry seg om *worry about, bother with*

stykke (et) (*distance*) *a way, a bit*

nemlig (*adv.*) *that is, you see*

bikkje (en) *dog*

snakk (et) *talk* : ha snakk med *talk to*

hovedvei (en) *main road*

låve (en) *hay barn*

veiviser (en) *guide*

landhandel (en) *country store*

vare (en) *ware,* (*here, pl.*) *groceries* etterpå (*adv.*) *afterwards* kona til *the wife of* stasjonsmester (en) *station master* til (*conj.*) *until*

— De går rett opp skogstien der, sa hun. — Bjørn går foran. De kan bare følge etter. Stien blir borte av og til. En halvtime fram kommer De til en plass med et jorde[1]. Da stikker Bjørn inn i skogen til venstre. Det skal De ikke bry Dem om. De følger bare stien forbi plassen, rett fram. Bjørn kommer ned på stien når De er et stykke forbi plassen. Det bor nemlig en bikkje på plassen, og Bjørn vil ikke ha noe snakk med den når den følger noen eller går ærend[2]. De er ellers gode venner. Det er en tispe[3].

Straks etter kommer De ned på hovedveien. Det ligger en liten låve der. Bjørn går foran. De har snaue[4] halvtimen til stasjonen da, gjennom skogen hele tiden. Den følger Dem bort på perrongen. Da kan De klappe[5] den. Den liker det når den har vært veiviser. Så går den bort på landhandelen og får varene. Etterpå går den bort på stasjonen igjen og får et ben av kona til stasjonsmesteren. Den venter nok på perrongen til

1. jorde (et) *open field.* 2. ærend (et) *errand.* 3. tispe (en) *bitch, female dog.* 4. snau (*adj.*) *bare* 5. klappe (-et, -et) *pat.*

toget kommer. Den liker å se på toget. De vet, det hender ikke særlig mye her.

— Nå får du være flink og følge mannen til stasjonen, da Bjørn, sa hun alvorlig. — Så må du handle for meg hos Nyberg. Nyberg er snill mann det. Følg nå mannen pent da, og kom rett hjem igjen. Nå må du være flink gutt, da Bjørn.

Hunden så på henne, så på meg, og gikk sakte ut og over veien og inn i skogen. Der stod den og ventet. Den labbet foran en halvtimes tid. Da jeg fikk øye på plassen, så den på meg, logret litt, og gikk inn i skogen til venstre. Jeg rett fram forbi plassen. En liten finnetispe[6] gneldret[7] bak skigarden[8], løp bort til grinden og logret mot meg.

Et stykke lenger fram stod hunden og ventet, gikk rolig videre foran og krysset hovedveien og tok inn på stien på andre siden. Den ventet ved låven for å se om jeg kom riktig etter.

Tyve minutter senere stod vi på stasjonen. Jeg klappet[5] den og sa : — Nå var du flink gutt, Bjørn. Takk skal du ha for godt følge. Hunden logret sakte, så på meg, ruslet rolig bort til landhandelen. Jeg gikk selv inn for å kjøpe røyk[9]. *Nå* hadde den ikke noe med meg å gjøre. Den lot som den ikke så meg, satte seg foran disken og ventet.

—Ja så, er det deg, Bjørn? sa landhandleren. — Hva skal du ha i dag, da?

nå får du være flink *be good now*
alvorlig (*adv.*) *seriously*
pent (*adv.*) *nicely*
gutt (en) *boy*
en halvtimes tid *for half an hour* øye (et) *eye* : få øye på *catch sight of*
bak (*prep.*) *in back of, behind*
løp : *past of* å løpe
grind (en) *gate*
stykke (et) (*distance*) *a way, a bit*
krysse (-et, -et) *cross*
hovedvei (en) *main road*
ta inn på *turn into, take off on*
låve (en) *hay barn*
riktig (*adv.*) *correctly*
komme etter *follow*
følge (et) *company*
rusle (-et, -et) *amble, stroll*
landhandel (en) *country store*
lot : *past of* å late (*a form of* å la) : late som *pretend*
disk (en) *counter*
landhandler (en) *country storekeeper*

6. finnetispe (en) " *Finnish* " bitch, female dog (finne- = *a type of dog*). 7. gneldre (-et, -et) *yelp*. 8. skigard (en) *rail fence*. 9. røyk = sigaretter (*slang*).

åpne (-et, -et) *open* pakke (-et, -et) inn *wrap*
fordele (-te, -t) *divide, distribute*
skjønne (-te, -t) *understand*
brun (*adj.*) *brown*
fornøyd (*adj.*) *satisfied*
kona til *the wife of*
sånn (*adj.*) *such*
moro (en) *fun*
all (et) *case* : i så fall *in that case*
dampe (-et, -et) *steam*
vognrekke (en) *row of cars*

Han åpnet vesken og pakket inn varene og fordelte dem i de to veskene. — Du må få et stykke kandissukker[10], kan du skjønne, sa landhandleren. Han pakket inn et stykke brunt sukker, la det i vesken. Hunden logret fornøyd, vandret[11] så opp til stasjonen igjen, satte seg og så mot vinduet. Kona til stasjonsmesteren kom ut og pakket inn et ben og la det i vesken. Hunden logret, så på henne og satte seg til å vente.

Jeg gikk fram og tilbake på perrongen og røkte. — Den venter på toget, sa kona til stasjonsmesteren. — Den går ikke før toget har vært her. Den syns det er sånn moro å se toget.

— Kanskje den venter noen, også ? sa jeg.

— Å ja, det kan jo tenkes det, sa hun. — Den har ventet svært lenge i så fall.

— I to år, sa jeg.

— Ja, i to år, sa hun. — De er kanskje en slektning[12]. De ligner mye på ham.

Jeg kjøpte billett. Toget dampet inn straks etter. Hunden reiste seg og så fram og tilbake langs vognrekken.

10. kandissukker (et) *rock candy.* 11. vandre (-et, -et) *wander, stroll.* 12. slektning (en) *relative.*

SPØRSMÅL

1. Hva gjør hunden når den kommer til plassen i skogen ?
2. Hvorfor gjør den det ?
3. Hva skal mannen så gjøre ?

4. Hva ligger det ved hovedveien ?
5. Skal de følge hovedveien til stasjonen ?
6. Hva kan mannen gjøre når de kommer til stasjonen ?
7. Hva gjør hunden da ?
8. Hvorfor gikk mannen inn i landhandelen ?
9. Kjente hunden ham da ?
10. Hva gjorde landhandleren med varene ?
11. Hva fikk hunden av landhandleren ?
12. Hva fikk den av kona til stasjonsmesteren ?
13. Hvorfor ventet den på perrongen ?
14. Hvem ventet den på ?
15. Hva gjorde hunden da toget kom ?

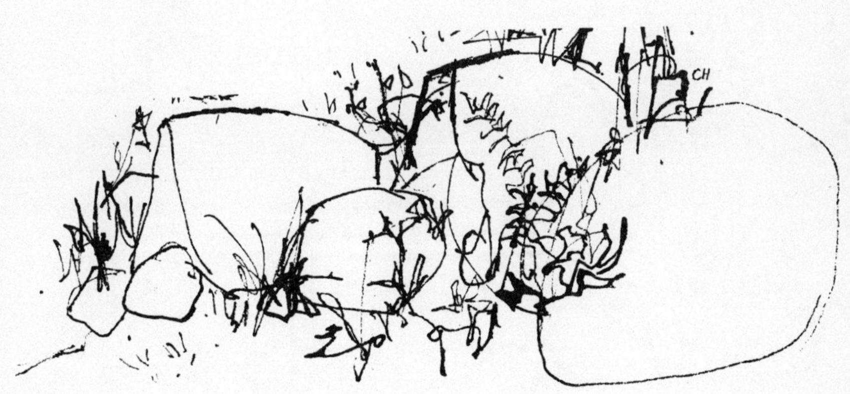

Lesestykke, femtende lekse:

MANNEN SOM SKULLE

STELLE HEIME* (*Norsk folkeeventyr* †)

av Peter Christen Asbjørnsen (1812–1885)

Det var en gang en mann som var så gretten[1] og vill, og aldri syntes han at kona gjorde nok i huset. Så kom han heim en kveld og var veldig sur.

— Kjære far, vær ikke så vond, sa kona, i morgen skal vi bytte arbeid : jeg skal ut og slå, så kan du stelle heime.

Ja, det var mannen vel fornøyd med, og det ville han gjerne.

Tidlig om morgenen tok kona ljåen[2] på nakken og gikk i enga og skulle slå, og mannen skulle da til å stelle i huset. Først ville han til å kjerne smør ; men da han hadde kjernet ei stund, ble han tørst og gikk ned i kjelleren for å tappe[3] øl. Mens han holdt på med det, fikk han høre at grisen var kommet i stua. Han la i vei med tappen[4] i hånda, opp kjellertrappa så fort han kunne og skulle se etter grisen så den ikke veltet[5] kjerna ; men da han fikk se at grisen alt hadde slått over ende kjerna og stod og smattet[6] på fløten som rant utover golvet, ble han så sint at han reint glemte øltønna[7], og satte etter grisen

det var en gang *once upon a time there was*

heim = hjem

kjær (*adj.*) *dear* vond (*adj.*) (*here*) *angry*
bytte (-et, -et) *trade*
slå (slo, slått) *mow hay*
heime = hjemme

nakke (en) *neck, shoulder*
skulle (ville) til å *started to, set about to*
kjerne (-et, -et) *churn*
smør (et) *butter*

kjeller (en) *cellar*
fikk høre = hørte var kommet = hadde kommet
kjellertrapp (ei) *cellar stairs*
kjerne (ei) *churn*
fikk se = så
slå (slo, slått) *hit, strike* : slå over ende *knock over*
renne (rant, rennt) *run* utover (*adv.*) *out over, across* golv (et) *floor*
reint = rent (*adv.*) *completely* sette etter *set out after*

* stelle heime *keep house* † folkeeventyr (et) *folk tale*

1. gretten (*adj.*) *cross*. 2. ljå (en) *scythe*. 3. tappe (-et, -et) *tap*. 4. tapp (en) *tap, bung*. 5. velte (-et, -et) *overturn*. 6. smatte (-et, -et) (på) *lap* (*up*) : stod og smattet på *was lapping up*. 7. øltønne (ei) *beer keg*.

nå igjen *catch up with* ga : *past of* å gi kraftig (*adj.*) *powerful* spark (et) *kick*

kjeller (en) *cellar*

fant : *past of* å finne

smør (et) *butter* til middags *for dinner*

stod : *past of* å stå verken . . . eller . . . *neither . . . nor . . .* enda (*conj.*) *although* langt på dag *late in the morning* hage (en) (*here*) *pasture* fikk slippe den *might as well let it go* tak (et) *roof*

gras = gress bakke (en) *hill*

turde : *past of* tør *dare* slippe (slapp, sloppet) *let go* (*of*) vesle = lille unge (en) *child, youngster* gjerne (*adv.*) (*here*) *possibly* slå over ende *knock over*

slapp : *past of* å slippe

tak (et) *roof*

renne (rant, rennt) *run* nakken på ham = hans nakke

middagstid (en) *dinner time*

han fikk *he'd better*

koke (-te, -t) *boil, cook* henge (-te, -t) *hang* (*transitive*)

det beste han kunne. Han nådde den igjen i døra og ga den et kraftig spark, så den ble liggende på flekken[8]. Nå husket han at han gikk med tappen[4] i hånda ; men da han kom ned i kjelleren, var øltønna[7] tom.

Han gikk da opp igjen og fant så mye fløte at han fikk kjerna full, og så begynte han å kjerne ; for smør ville han ha til middags. Da han hadde kjernet ei stund, husket han at kua stod inne ennå og verken hadde fått vått eller tørt, enda det var langt på dag. Han syntes det var langt å gå til hagen med den, han fikk slippe den opp på taket, tenkte han ; det var torvtak[9] på bygningen, og der var det mye gras. Huset lå i en bratt bakke, og når han la en planke[10] bort på taket, så trodde han nok han skulle få opp kua. Men kjerna turde han ikke slippe heller, for den vesle ungen hans kravlet[11] og krabbet[12] på golvet ; han kunne gjerne slå den over ende. Så tok han kjerna på ryggen ; men så skulle han gi kua vann først, før han slapp den på taket. Å ja, han tok ei bøtte[13] og skulle hente vann, men da han bøyde[14] seg over brønnen[15], rant fløten ut av kjerna og ned i nakken på ham.

Det var snart middagstid, og smør hadde han ikke fått ennå ; så tenkte han han fikk koke graut, og hengte ei gryte[16] med vann på

8. flekk (en) *spot* : så den ble liggende på flekken *so it died.* 9. torvtak (et) *turf roof.* 10. planke (en) *plank.* 11. kravle (-et, -et) *crawl.* 12. krabbe (-et, -et) *crawl.* 13. bøtte (ei) *bucket.* 14. bøye (-de, -d) seg *bend.* 15. brønn (en) *well.* 16. gryte (ei) *kettle.*

peisen[17]. Da han det hadde gjort, kom han i tanker om at kua kunne gå utfor taket og bryte beina eller nakken av seg ; han gikk så opp og skulle binde den. Den ene enden av reipet[18] bandt han om halsen på kua, slapp det ned gjennom pipa, og bandt den andre enden om låret[19] sitt, for vannet kokte alt i gryta[16], og han måtte røre grauten. Mens han holdt på med det, falt kua utfor taket likevel, og dro mannen opp gjennom pipa ; der satt han fast, og kua hang ned fra taket og svevet mellom himmel og jord, og kunne verken komme opp eller ned.

tanke (en) *thought* : kom han i tanker om *it occurred to him* utfor (*adv.*) *down from, off of* bryte (brøtt, brutt) *break* bein = ben binde (bandt, bundet) *fasten, tie* hals (en) *neck, throat* : halsen på kua = kuas hals slippe ned *let down, lower* pipe (ei) (*here*) *chimney* røre (-te, -t) *stir* falle utfor *fall off of* dra (dro, dradd) *pull* fast (*adv.*) *firmly* : sitte fast *be stuck* hang : *past of* å henge (*intransitive*) sveve (-et, -et) *float* (*through the air*) verken . . . eller . . . *neither . . . nor . . .*

Kona hadde ventet i sju lange og sju breie på at mannen skulle komme og rope heim til middags. Til sist syntes hun det varte litt lenge, og gikk heim. Da hun fikk se at kua hang så stygt til, gikk hun bort og hogg[20] av reipet[18] med ljåen[2] ; i det samme falt mannen ned gjennom pipa, og da kona kom inn, stod han på hodet i grautgryta[16].

brei (*adj.*) *wide, broad* : i sju lange og sju breie *a long, long time* rope heim til middags *call to dinner* sist : til sist *at last* vare (-te, -t) *last, take* (*time*) hang så stygt til *hung so awkwardly* i det samme *at the same moment, immediately*

17. peis (en) *fireplace.* 18. reip (et) *rope.* 19. lår (et) *thigh.* 20. hogge (hogg, hogget) (av) *chop* (*off*).

SPØRSMÅL

1. Var mannen fornøyd med kona si ?
2. Hva sa hun at de skulle gjøre ?
3. Hva syntes mannen om den idéen ?
4. Hva var det første mannen ville gjøre da han skulle til å stelle i huset ?

5. Hvorfor gikk han ned i kjelleren?
6. Hva var det som hendte mens han var i kjelleren?
7. Ble han sint da grisen slo over ende kjerna?
8. Hvorfor ville han slippe kua opp på taket?
9. Hvorfor tok han kjerna på ryggen?
10. Hvorfor skulle han koke graut?
11. Hvorfor ville han binde kua?
12. Hvordan bandt han den?
13. Hva var det som hendte da kua falt utfor taket?
14. Hvorfor gikk kona heim?
15. Hva var det som hendte da hun hogg av reipet som kua hang i?

Lesestykke, sekstende lekse:

FØRTI ÅR ER LIVETS MIDTSOMMER*

av Sigurd Hoel (1890–1960)

(*fra 'Fjorten dager før frostnettene*[1]')

Dr. Knut Holmen, øre-, nese-, hals-, hørte kontordøren smekke[2] igjen bak seg.

nese (en) *nose*
kontordør (en) *office door*

Ferdig for i dag.

En bra dag. Kontortiden hadde vært

kontortid (en) *office hours*

* liv (et) *life* midtsommer (en) *midsummer*

1. frostnatt (en) *night with frost.* 2. smekke (-et, -et) *slam* : smekke igjen *slam shut.*

morsom — og det var morsomt å være ferdig med den.

Han så på armbåndsuret.

Fem på fem. Det kunne stemme[3]. Han var god og sulten og alt i orden. Han hadde sløyfet[4] lunsjen[5] i dag for å få ekstra appetitt[6]. Sånt hørte med til livskunsten.

Han tenkte:

— Livet og solsystemet går glimrende.

Det var et sitat[7]. Han brukte det av og til. Det var av en dikter, han husket ikke hvem. Det var en god dikter.

Fint sommervær! Himmelen stod tindrende blå over hustakene. Litt blåere enn for noen dager siden — den hvite varmedisen[8] fra juli var borte. Det var bare bra det.

Det kom et vindpust henover gaten fra Sankt Olavs plass, det strøk[9] ham sakte over kinnet.

Den første pust av høst?

Langtfra. Tredje august — midt på sommeren ennå.

Tredje august.

Han trakk pusten dypt og kjente hvordan lungene fylte seg.

Førti år.

Førti år er livets midtsommer.

Han var åtti, han som sa det til ham her i dag, så han burde jo vite det.

armbåndsur (et) *wrist watch*

orden (en) *order, arrangement*: alt i orden *everything fine*

sånt = slikt høre til *belong to*: høre med til *be a part of* livskunst (en) *the art of living* solsystem (et) *solar system* glimrende (*adv.*) *marvelously*

dikter (en) *writer, poet*

sommervær (et) *summer weather* tindrende (*adj.*) *sparkling* hustak (et) (*house*) *roof*

vindpust (et) *breath of wind* henover (*prep.*) *along*

plass (en) (*here*) *Place, Square*

sakte (*adv.*) *softly*

kinn (et) *cheek*

langtfra (*adv.*) *far from* (*it*)

her i dag *just today*

vite (*pres.* vet; visste, visst) *know*

3. stemme (-te, -t) *be in agreement*: det kunne stemme *that should be just about right.* 4. sløyfe (-et, -et) *omit, do without.* 5. lunsj [lønsj] (en) *lunch.* 6. appetitt (en) *appetite.* 7. sitat (et) *quotation.* 8. varmedis (en) *heat haze.* 9. stryke (strøk, strøket) *stroke.*

Han så nedover seg. Han likte den fine lysegrå sommerdressen — buksene med den skarpe pressen, det lyse slipset med den brede blå stripen, de nye lysegrå skoene.

Det var behagelig å være velkledd. Det var en del av livskunsten.

Vel. Så var det middagen. Hvor skulle han spise i dag? Med vilje hadde han utsatt[10] avgjørelsen[11]. Det var flere steder å velge mellom, gode steder, et behagelig valg — han hadde utsatt[10] det. Det var fødselsdagen hans i dag, han ville ha alle gledene i tur og orden.

Bristol[12]? Speilen? Continental? Skansen? Kongen? Han lot stedene passere revy i tankene, mens han gikk nedover Universitetsgaten.

Han passerte Pilestredet og kjente et varmt streif[13] av nybakt brød. Den beste lukt i verden var lukten av nybakt brød; og nå var han sulten, virkelig sulten.

Grillen[14] på Bristol? En spiste godt der. Lange franskbrød, rød vin mot de grønne dukene[15] — vel, men en satt bak glassruter, det var et vintersted. — Speilen? Jo — men sitte inne nå midt på sommeren —

Ta bilen og dra opp til Frognerseteren? Men bilen stod oppe i garasjen[16]. Og byen var så fin i dag. Verandaen på Continental? Sitte og se på ryggen til Bjørnson og Ibsen,

nedover (*prep.*) *down* (*along*)
lysegrå (*adj.*) *light grey*
skarp (*adj.*) *sharp* press (en) *crease* bred (*adj.*) *broad, wide* stripe (en) *stripe* sko (en) *shoe*
behagelig (*adj.*) *comfortable*
velkledd (*adj.*) *well-dressed*
livskunst (en) *the art of living*
vilje (en) *intent, will*: med vilje *intentionally*
velge (valgte, valgt) *choose, select*
valg (et) *choice*
fødselsdag (en) *birthday*
glede (en) *pleasure, joy* orden (en) *order, arrangement*: i tur og orden *one after the other*
passere (-te, -t) *pass*: passere revy *parade past*
nybakt (*adj.*) *freshly baked* brød (et) *bread*
verden (en) *world*
franskbrød (et) *hard-crusted white bread*
glassrute (en) *pane of glass*
veranda (en) *veranda*
ryggen til Bjørnson = Bjørnsons rygg (*cf. R18, line 25*)

10. utsette (-satte, -satt) *postpone.* 11. avgjørelse (en) *decision.* 12. Bristol, Speilen, *etc., names of restaurants in Oslo.* 13. streif (et) *light touch, fleeting suggestion of something* (*e.g., light, an odor, etc.*). 14. grill (en) *grill.* 15. duk (en) *tablecloth.* 16. garasje (en) *garage.*

trikkeholdeplass (en) *street-car stop* fram og tilbake *back and forth* plass (en) *place, square* frisk (*adj.*) *fresh* luft (en) *air*

det fikk bli *it might as well be*

og trikkeholdeplass og teater og folk fram og tilbake over plassen . . . Frisk luft, og sol og sommer . . .

Det fikk bli Continental.

(*fortsettes*)

SPØRSMÅL

1. Hva var Knut Holmen ?
2. Hadde han hatt en bra dag ?
3. Hvordan var været ?
4. Hvor gammel var Holmen ?
5. Hvordan var han kledd ?
6. Hva gikk han og tenkte på ?
7. Hvor gikk han mens han tenkte ?
8. Hvilken lukt syntes han var den beste i verden ?
9. Hvorfor ville han ikke spise på Grillen på Bristol ?
10. Hva kunne han se fra verandaen på Continental ?

Lesestykke, syttende lekse:

FØRTI ÅR ER LIVETS MIDTSOMMER

(fortsatt)

Han passerte Kristian den fjerdes[1] gate, gikk forbi kafé[2] Minerva og husket studentertiden — kaffe av hvite kanner[3] og tykke franskbrødskiver med geitost på. Der lå Danckes bokhandel i gamle dager. Gamle dager? Det var i går. Det var for ti år siden.

Han stanset på hjørnet av Karl Johan, utenfor iskrembutikken. Han ble stående der et sekund — han skulle nedom kiosken. En ung pike gikk forbi ham, kledd sommerlig i hvitt. Hun gikk oppover. Akk ja! Han sukket[4] og gikk nedover. Solen bakte. Gaten lå nesten øde[5]. Han krysset over mot kiosken, så opp mot Freias[6] ur på Egertorvet — ti over fem. Han kjøpte Dagbladet[7], kikket på forsiden med det samme, stakk det under armen — vente med det, alt i tur og orden . . .

studentertid (en) *student days* av (*prep.*) (*here*) *from*

bokhandel (en) *book store*

iskrembutikk (en) *ice cream store* ble stående *remained standing* sekund (et) *second* nedom (*prep.*) *down to* kiosk (en) *newspaper stand, booth* kledd (*adj.*) *dressed* sommerlig (*adv.*) *suitable for summer* oppover (*adv.*) *up* (*i.e., up the street*) akk ja *ah, yes; oh, well* bake (-te, -t) *bake* ur (et) *clock* kikke (-et, -et) (på) *glance, peek* (*at*) forside (en) *front page* stakk: *past of* å stikke arm (en) *arm*

1. Kristian den fjerde *King of Denmark and Norway 1588–1648, founder of the modern city of Oslo.* 2. kafé (en) *café.* 3. kanne (en) *coffee* (*tea*) *pot.* 4. sukke (-et, -et) *sigh.* 5. øde (*adj.*) *deserted.* 6. Freia *name of a chocolate factory in Oslo* (*originally the name of an Old Scandinavian goddess*). 7. Dagbladet *afternoon newspaper in Oslo.*

Han gikk tilbake på sydsiden inne under trærne. Han så flyktig bortover benkerekken. Nesten ikke en ledig plass.

— Goddag, Holmen !

Han skvatt.

— Nei, goddag, fru Gunnerus. Er De i byen ? Bevares[8], så glimrende De ser ut.

Av prinsipp[9] sa han alltid til damer at de så glimrende ut — hvis de ikke så altfor ille ut, da. Fru Gunnerus var i all fall ikke direkte[10] ille, og nå da hun smilte takknemlig, ble hun nesten brukbar.

— Ja, jeg ligger jo egentlig på Hankø, som De vet, smilte fru Gunnerus — men min mann måtte til byen i forretninger som ikke kunne vente . . . og så reiste jeg like gjerne inn en tur jeg også — når jeg har vært borte fra byen et par uker, så lengter jeg faktisk inn, tenk — men at ikke De reiste nedover i dag ?

— Arbeide, sa han. — Arbeide som ikke kunne vente.

Blikket til fru Gunnerus fór[11] fram og tilbake, oppover og nedover gaten, streifet[12] Handelsstandens[13] vinduer, fulgte biler som kjørte forbi. Men munnen gikk.

— Jeg kan hilse fra Deres frue — og begge barna, ja de har det aldeles storartet[14] — og hvordan står det til med Dem ? Å det var

sydside (en) *south side*

flyktig (*adv.*) *fleetingly* bortover (*prep.*) *along* benkerekke (en) *row of benches* plass (en) (*here*) *seat*

skvette (skvatt, skvettet) *jump, start*

dame (en) *lady*

ille (*adj.*) *bad, terrible*

takknemlig (*adj.*) *grateful*

brukbar (*adj.*) *usable,* (*here*) *acceptable*

ligge på *stay at, be vacationing at*

forretning (en) *business* : i forretninger *on business*

like gjerne *just as well* : så reiste jeg like gjerne inn en tur *so I thought I might just as well take a trip in*

lengte (-et, -et) *long* (*for*) faktisk (*adv.*) *actually* nedover (*here*) *down to* Hankø arbeide (et) = arbeid (et)

blikk (et) *glance, look* til (*prep.*) *of*

munn (en) *mouth*

frue (en) *wife*

barna *the children*

8. bevares (*excl.*) *my heavens, goodness.* 9. prinsipp (et) *principle* : av prinsipp *as a matter of principle.* 10. direkte (*adv.*) *directly, exactly.* 11. fare (fór, faret) *travel, rush.* 12. streife (-et, -et) *touch lightly, graze.* 13. Handelsstanden *building in Oslo belonging to the Trade Association.* 14. storartet (*adj.*) *marvelous.*

da deilig å høre . . . tenk å måtte ligge i byen hele den deilige sommeren og ikke kunne komme ned på week-end[15] engang — ja, De har det sikkert morsomt her inne også, jeg tviler ikke på det, ja dere menn, å vi kjenner dere nok . . .

Hun svevet videre nedover. Han sendte et blikk etter henne. Pen, i grunnen. Bra figur, i grunnen. Og bra humør[16], og . . .

Han syntes alltid litt synd på fru Gunnerus, han visste ikke hvorfor.

(*fortsettes*)

ligge i byen *stay in town*
engang : ikke . . . engang *not even*
tvile (-te, -t) (på) *doubt*
sveve (-et, -et) *float, glide*
videre (*adv.*) *farther* (*on*)
grunn (en) *ground, reason* : i grunnen *basically, actually*
figur (en) *figure*
synes synd på *feel sorry for*

15. week-end [vi'kenn] (en) *week-end.* 16. humør (et) *temperament, spirits.*

SPØRSMÅL

1. Hva husket Holmen fra studentertiden ?
2. Hvor stanset han ?
3. Hvordan var piken som gikk forbi ham kledd ?
4. Var det mange mennesker på gaten ?
5. Hvorfor ville han nedom kiosken ?
6. Hva er Dagbladet ?
7. Hvem traff han mens han gikk tilbake ?
8. Hvordan så fru Gunnerus ut ?
9. Hvorfor var hun i byen ?
10. Hvorfor reiste ikke Holmen til Hankø hvor hans kone og barn var på ferie ?

Lesestykke, attende lekse:

FØRTI ÅR ER LIVETS MIDTSOMMER

(fortsatt)

Så, Agnete ville bli alene der nede denne søndagen. Da var det kanskje synd at han ikke hadde reist ned. Han burde kanskje . . . Han kunne ennå . . .

Nei.

Han krysset Universitetsgaten like foran rekken av drosjebiler som ventet på folk fra Blom[1]. To tre av sjåførene[2] holdt på med en eller annen lek borte ved gressplenen. Det gjaldt visst å skyve hverandre ut av likevekt[3]. Stakkars jævler[4], stå her og henge og vente på jobb — nå ja, det gjorde vel forresten de fleste. Hva annet gjorde *han*? Det var bare den forskjell at han satt på et kontor, og at det var mer enn nok av jobber — bra tider, det gikk mot krig, folk fikk råd til å ha polypper[5] i nesen.

Hvor meget hadde han tjent i dag? Vel — med trygdekassen — fem og nitti kroner foruten de to operasjonene — ikke så verst

alene (*adj.*) *alone*

rekke (en) *row* drosjebil (en) *taxi*

lek (en) *game*: en eller annen lek *some game or other* gressplen (en) *lawn* gjelde (gjaldt, gjeldt) *be a question of* visst (*adv.*) *apparently* skyve (skjøv, skjøvet) *shove, push* hverandre (*pron.*) *each other* stakkars (*adj.*) *poor* (*i.e., pitiable*) jobb (en) *job* forskjell (en) *difference*

krig (en) *war* råd (et) *means*: få råd til *be able to afford*

meget (*adv.*) *much* (= mye) tjene (-te, -t) *earn*

foruten (*prep.*) *besides*

1. Blom *restaurant on Karl Johan.* 2. sjåfør (en) *chauffeur, taxi driver.* 3. likevekt (en) *balance.* 4. jævler (*slang*) *fellows* (*lit. devils*). 5. polypp (en) *adenoid.*

midt på sommeren. Og dertil de papirene, som gikk opp hver dag — krigen ja — litt over to hundre hadde han tjent på dem i dag. Så ble det i all fall råd til en bedre middag. Han passerte mellom de to dikterne i blomsterbedene og gikk fort forbi holdeplassen.

— Morn, Holmen !

— Morn !

Han tok til hatten og satte samtidig farten[6] opp ; han hadde ikke lyst til å bli hengende ved den skuespilleren. En by var full av farer. Hele livet var fullt av farer. Og livskunsten — kunsten å leve behagelig — bestod for nitti prosents vedkommende[7] i å unngå[8] ubehageligheter. De ti prosentene bestod i å skaffe seg[9] behageligheter.

Hm. Det der var visst ikke egentlig noen heroisk[10] filosofi. Ikke egentlig heroisk, nei . . . Var det sånn du hadde tenkt deg det, en gang i tiden . . . Å tøv — heroisk, det var i ungdommen det, — i den grønne ungdommen. Nei, hva var det mannen sa : Livet består av bagateller[11] !

Det var noe i det, var noe i det . . .

Han gikk fort inn gjennom døren til Continental, nikket til dørvakten[12], hilste til portieren som stod bak sin disk. Han hadde bodd her et par dager nå og da.

Behagelig å kunne gå trygt forbi dørvakter

dertil (*adv.*) *in addition*
papirer (*here*) *stocks*

bli råd til *be enough money for*
bedre = (*here*) god
dikterne i blomsterbedene *the statues of Ibsen and Bjørnson in front of Nationaltheatret* holdeplass (en) (*streetcar*) *stop*
ta til *touch* hatt (en) *hat*
sette opp *increase* samtidig (*adv.*) *simultaneously*

skuespiller (en) *actor*
fare (en) *danger*
kunst (en) *art*
bestå (-stod, -stått) i *consist of* prosent (en) *per cent*
ubehagelighet (en) *discomfort* behagelighet (en) *comfort*
det der *that* (*cf. Grammar* 24.3)
filosofi (en) *philosophy*

en gang i tiden *once upon a time* tøv (et) *nonsense*
ungdom (en) *youth*

bestå av *consist of*

trygt (*adv.*) *securely*

6. fart (en) *speed.* 7. vedkommende : for nitti prosents vedkommende *as far as ninety per cent is concerned* 8. unngå (-gikk, -gått) *avoid.* 9. skaffe (-et, -et) seg *get for oneself.* 10. heroisk (*adj.*) *heroic.* 11. bagatell (en) *unimportant detail.* 12. dørvakt (en) *doorman* (*lit. -guard*).

rolig (*adj.*) *calm*

svenske (en) *Swede*

ung (*adj.*) *young*

og portierer, kelnere og hovmestere[13]. Det var noe av det siste en lærte her i livet. Det forutsatte[14] mange ting — rolig samvittighet[15], gode klær, penger i lommen[16]... Nei, hva sa han, svensken : Det är godt att bli gammal ; att vara ung var för jävligt[17].

Gammel? Gammel? Førti år. Bare førti år... Han tok trappen i tre og tre trinn[18]. Gammel er jeg ikke så lenge jeg tar trappen i tre og tre trinn, sa mannen.

13. hovmester (en) *head waiter.* 14. forutsette (-satte, -satt) *presuppose.* 15. samvittighet (en) *conscience.* 16. lomme (en) *pocket.* 17. (*Swedish*) Det er godt å bli gammel ; å være ung var for jævlig (*i.e., was terrible ; lit. too devilish*). 18. trinn (et) *step* : i tre og tre trinn *three steps at a time.*

SPØRSMÅL

1. Hvorfor tenkte Holmen at han kanskje burde reise ned til Hankø likevel?
2. Hvor krysset han Universitetsgaten?
3. Hvorfor syntes han synd på drosjebilsjåførene?
4. Hva var forskjellen mellom dem og ham?
5. Hvorfor var det lett å tjene penger nå?
6. Var han fornøyd med det han hadde tjent den dagen?
7. Hva slags filosofi hadde Holmen?
8. Når har en en heroisk filosofi?
9. Lærer en tidlig i livet å gå trygt forbi dørvakter og hovmestere?
10. Hvordan gikk Holmen opp trappen?

INNFLYTTER*

av Sigurd Evensmo (1912–   )

Hun sitter på en knaus ved Sjøbadet[1] og er urimelig glad.

Når hun tenker etter, er det ikke mye som har hendt: Familien som hun tjener hos reiste plutselig bort i går, og så stod hun der

knaus (en) *large rock*
urimelig (*adv.*) *unreasonably*
glad (*adj.*) *happy*

tenke etter *think about, reflect*
tjene (-te, -t) (hos) *serve, work (for)*
plutselig (*adv.*) *suddenly*

* innflytter (en) *immigrant,* (*here*) *person who has moved to the city*

1. Sjøbadet "*The Sea Bath*", *bathing beach on Bygdøy in Oslo.*

fridag (en) *day off*

fort (*adj.*) *quick*

navn (et) *name*

hva de nå het *whatever they were called*
smake på *taste* etter tur *in turn, one after the other*
å greie = å klare finne ut til *find* (*the way*) *out to*
selve sommeren *summer itself* holde til *stay, have one's haunts*

leende (*adj.*) *laughing*

frisøndag (en) *Sunday off*

det var leit *it was embarrassing* spørre (spurte, spurt) *ask, inquire*

lengte etter *long for*

bad (et) (*here*) *swim* isteden (*adv.*) *instead* rik (*adj.*) *wealthy*

varme (en) *heat* bar : *past of* å bære strøm (en) *stream, current* håndveske (en) *hand bag* badedrakt (en) *bathing suit* niste (en) *lunch pack*

med fridag midt i uken ! Ennå sent i går kveld visste hun ikke hva hun skulle gjøre med den. Langt inn i den varme natten lå hun og kjente hvor fremmed hun var i Oslo etter de fire forte og masete[2] månedene. Hun kjente navnene : Ingierstrand[3], Hovedøya, Paradisbukta, Huk og hva de nå het, hun lå og smakte på dem etter tur og lurte på om hun ville greie å finne ut til et av disse stedene hvor selve sommeren holdt til. Så mange ganger hun hadde lest om dem i avisene hjemme ! Og sett bildene som kom tilbake hvert år : Tusener av mennesker, menn og kvinner, med flotte, brune kropper og leende ansikter. Så *hjemme* de var !

Det hadde vært et par frisøndager med deilig sommervær, og da kunne hun egentlig ha reist dit ut, men det var vanskelig med trikkene og bussene og fremmede navn og konduktører som trodde at alle visste hvor alt var, og det var leit å spørre. Da skjønte hele trikken at en var fra landet, og mange *så.*

Hun kom ikke ut til fjorden disse søndagene enda hun lengtet seg nesten syk etter et bad, men gikk isteden små turer mot Slemdal. Så på de pene, rike husene der oppe, mens asfalten[4] oste[5] varme og bar en strøm av mennesker som skulle alle andre steder hen, med håndvesker fulle av badedrakter og niste.

2. masete (*adj.*) *hectic.* 3. Ingierstrand, *etc.*, *names of bathing beaches in the Oslofjord.* 4. asfalt (en) *asphalt.* 5. ose (-te, -t) *exude.*

I går kveld hadde hun sovnet naken og varm og mismodig[6] i det trange kottet som var hennes.

Og så gikk det fint og greit hele veien! Ut gjennom havna i en av småbåtene som frakter[7] folk fram og tilbake, og så noen få skritt bort til knausene hvor noen badet. Hun gikk ikke dit fordi det var noen der, men *der* var det altså lov. Det er så ofte det kommer sinte folk og sier at her er det ikke lov.

Bare noen få par av unge gutter og jenter og noen enslige[8] lå bortover svabergene[9] og stekte seg, snart ryggen, snart brystet, snart siden — i tur og orden. De var alt mørkebrune de fleste, og hun kom til å se ut som et lik[10] ved siden av dem. Lurer på åssen de får tid til å bli så brune?

En av guttene hevet[11] seg opp på albuen og så bort på henne. Han ville visst se på at hun stupte.

Hun kunne ikke stupe.

Alle jentene i Oslo stupte, hadde hun hørt.

Så ble hun sittende og følte seg litt mismodig[6] igjen, satt og satt til gutten endelig ble lei av å vente og ruslet bortover for å få seg en iskrem. Da tok iveren[12] henne, hun glemte at hun var hvit, sprang fort ned til vannet og la seg på ryggen uti med et solid[13]

sovne (-et, -et) *go to sleep* naken (*adj.*) *naked* trang (*adj.*) *narrow* kott (et) *tiny room*

småbåt (en) *small boat*

få (*adj.*) *few* : noen få *several, a few*

jente (et) = pike

steke (-te, -t) *fry*, (*here*) *tan* snart . . . snart . . . *first . . . then . . .* mørkebrun (*adj.*) *dark brown* kom til å se ut som *would look like* åssen = hvordan (*dialect, colloquial*)

albu (en) *elbow*

stupe (-te, -t) *dive*

ble sittende *remained sitting*

lei (*adj.*) *bored, tired of*: bli lei av *become bored by* iskrem (en) *ice cream*

legge seg *lie down* uti = ut i (*i.e., out into the water*)

6. mismodig (*adj.*) *despondent.* 7. frakte (-et, -et) *transport.* 8. enslig (*adj.*) *single, unaccompanied.* 9. svaberg (et) *bare rock sloping into the water.* 10. lik (et) *corpse.* 11. heve (-et, -et) seg *raise up.* 12. iver (en) *enthusiasm.* 13. solid [soli'd] (*adj.*) *solid.*

plask[14]. Så var det gjort.

Da hun lå i det uvante, salte[15] vannet og fløt så merkelig lett og så rett opp i himmelen, sa det plutselig inni henne :

— Nå har du det jamen godt !

Og hun måtte smile der hun lå, for så enkelt og greit hadde ikke livet vært på det hun kunne huske. Bare sjø og himmel og kroppen hennes og ikke noe mer. Men hun passet på å få ansiktet i orden igjen til hun skulle på land. Det er ikke verdt å fjolle[16] så folk ser det.

(*fortsettes*)

uvant (*adj.*) *unaccustomed*

flyte (fløt, flytt) *float* lett (*adv.*) *lightly* plutselig (*adv.*) *suddenly* inni = inne i

der (*conj.*) (*there*) *where, as*

enkel (*adj.*) *simple* det hun kunne huske *as long as she could remember*

passe (-et, -et) på *take care* få i orden *put in order* verd (*adj.*) *worth* : det er ikke verdt *better not*

14. plask (et) *splash.* 15. salt (*adj.*) *salt.* 16. fjolle (-et, -et) *fool, make a fool of oneself.*

SPØRSMÅL

1. Kommer jenta i dette lesestykket fra Oslo ?
2. Hvor lenge har hun bodd i byen ?
3. Hva gjør hun der ?
4. Hvorfor har hun fridag midt i uken ?
5. Hva har hun tenkt å gjøre med fridagen sin ?
6. Hvorfor hadde hun ikke reist ut til fjorden før ?
7. Hva hadde hun gjort isteden ?
8. Var det vanskelig for henne å komme ut til fjorden ?
9. Hvordan kom hun dit ut ?
10. Var det mange som badet på Sjøbadet ?
11. Likte hun seg blant dem ?
12. Hvorfor var ikke hun brun også ?
13. Hvorfor ble hun sittende så lenge før hun gikk ut i vannet ?
14. Hva gjorde gutten endelig ?
15. Hvorfor smilte hun da hun lå i vannet ?

Lesestykke, tjuende lekse:

INNFLYTTER

(fortsatt)

Og så sitter hun på knausen sin og er urimelig glad for ingenting. En gullhøne[1] kryper på armen hennes, og noen ord fra barneårene danser forbi:

Gullhøne, gullhøne, fly din vei,
ellers så hakker[2] jeg hue[3] a' deg!

Hørt sånt tull! Hun har plutselig lyst til å si det høyt, men det er best å være folk selv om en er glad, så hun hvisker bare:

Gullhøne, gullhøne, fly din vei —

Da sier det like bak henne:

— Ligger De der og smiler helt alene, De?

Hun skvetter så det gjør vondt, gullhøna skvetter og flyr, hele verden skvetter dette sekundet.

Han har et rundt, fregnet[4] ansikt og snille, blå øyne og rødt hår, sitter rett bak henne med hendene foldet[5] rundt knærne og har sannsynligvis sett på henne en god stund. Han er hvit på den kraftige kroppen.

Forfjamset[6] sier hun:

— Det var ei gullhøne!

ord (et) *word*
danse (-et, et) *dance*
fly (fløy, fløyet) *fly*
ellers (*conj.*) *or else*
tull (et) *nonsense*
høyt (*adv.*) *out loud* være folk *behave properly* selv om (*conj.*) *even if* hviske (et, -et) *whisper*
rund (*adj.*) *round*
hender: *pl. of* hånd kne (et) (*pl.* knær) *knee*
en god stund *quite a while*

1. gullhøne (ei) *lady bug.* 2. hakke (-et, -et) (av) *chop (off).* 3. hue = hode (*dialect*). 4. fregnet (*adj.*) *freckled.* 5. folde (-et, -et) *fold.* 6. forfjamset (*adj.*) *confused.*

dum (*adj.*) *stupid* gitt : *past participle of* å gi
månedslønn (ei, en) *month's wages, pay* blod (et) *blood*

Å, det er så dumt at hun skulle gitt halve månedslønna for å ha det usagt! Blodet skyller[7] opp i ansiktet, og hun stirrer utover sjøen.

prate i vei *chat away*

Men det er en rar gutt, for han bare prater i vei:

Har De sett sånt vann! Ja, men andre steder er det bedre, på Ingierstrand og på Hvalstrand er det nesten helt fint, men det er jo så langt dit. Å, har hun ikke vært der? Nettopp kommet til byen da kanskje? Ja, *det* er alle folk det, alle er nettopp kommet til denne byen, ingen er født her, alle er innflyttere. Ja, unntatt han selv, for han har bodd her siden Kristian Kvart[8]. Men nå vil han ikke mer, det er så kultent[9] i byen om sommeren. Vil på landet. Men jamen må hun dra ut på Ingierstrand en søndag . . .

etter hvert (*adv.*) *gradually*
slapp (*adj.*) *relaxed*
ord (et) *word*

Etter hvert blir hun slapp i kroppen. Hun sier noen få ord, og så sier hun litt til, for han er så snill i øynene.

Og han er like hvit som hun.

sval (*adj.*) *cool* pust (et) *breath* (*of wind*)
solgangsvind (en) *evening* (*sunset*) *wind*

Ettermiddagen kommer med svale pust av solgangsvind. De ligger der ennå, men nå sier de nesten ingenting, for de er så godt kjent at det ikke trenges. Bare noen få ord nå og da om sola og sjøen.

mave (en) *stomach* småsove (-sov, -sovet) *nap, doze*
visshet (en) *certainty*

Hun ligger på maven, småsover litt når han sier at nå får de jamen sove litt, og prater litt når han prater. En visshet bygger seg opp i henne:

7. skylle (-et, -et) *flood, pour.* 8. Kristian Kvart = Kristian den fjerde (*cf. R17, footnote* 1). 9. kulten (*adj.*) *unpleasant.*

Det er i grunnen ikke så fært[10] å dra inn til byen igjen. Trikkene og bussene er noe en lærer etter hvert, og så blir en kjent med gater og steder og kinoer — — og kanskje mennesker. Ikke bare dem i bygdelaget, men folk som har hørt hjemme i byen lenge. Folk med fregner[11] kan være nokså pene. Kottet hun bor på er lite og det er ofte varmt om natten og vanskelig å sove, men kanskje en ikke behøver å sove så mye. Rødt hår er i grunnen pent.

bygdelag (et) *organization of people from the same rural area* (bygd) høre hjemme *belong, dwell permanently*

behøve (-de, -d) *need*

Langsomt blir byen der inne som en stor, snill bjørn.

langsomt (*adv.*) *slowly*

De damper mot Pipervika[12] i en båt som spyr[13] sot[14] over dem. Han er blitt til en unggutt i hvit skjorte og lyse, lette lerretsbukser og turnsko. Når han børster[15] sotregnet[16] av seg, setter det svarte striper på skjorten, men han ler bare og sier at han vasker sjøl. Bekymret[17] ser hun på de svarte stripene i det hvite. Gutter kan vel ikke vaske.

dampe (-et, -et) *steam*

er blitt til *has become*

unggutt (en) *youth, young boy* lerretsbukser (*pl.*) *khaki pants* turnsko (*pl.*) *gym shoes*

le (lo, ledd) *laugh*

sjøl = selv

Så står de på brygga. Han setter de snille øynene på henne og sier :

brygge (ei) *pier, dock*

— Takk for i hele dag ! Det var liddelig[18] fint !

Hånden hennes blir trykket så kraftig at det gjør vondt, og hele byen er bare dansende fregner . . .

trykke (-et, -et) *press,* (*here*) *squeeze*

dansende (*adj.*) *dancing*

10. fært (*adj.*) (et-*noun form*) *terrible.* 11. fregner (*pl.*) *freckles.* 12. Pipervika *dock in front of Rådhuset.* 13. spy (-dde, -dd) *spit out, spew.* 14. sot (en) *soot.* 15. børste (-et, -et) *brush.* 16. sotregn (et) *rain of soot.* 17. bekymret (*adj.*) *worried, concerned.* 18. liddelig (*adv.*) *terrifically* (*slang*).

Så rusler hun den lange veien hjem.

het = hette : *past of* å hete

Han sa ikke noe om søndagen eller andre dager siden. Han sa ikke hva han het og hvor han bodde, og spurte ikke hva hun het og hvor hun bodde.

Glemte han *det*?

solbrent (*adj.*) *sunburned*

vende tilbake *return*

Naken og solbrent og het ligger hun i det trange kottet og ser ut på sommernatten, mens et barnerim[19] vender tilbake:

Gullhøne, gullhøne, fly din vei,
ellers så hakker jeg hue a' deg —

19. barnerim (et) *children's verse* (*rhyme*).

SPØRSMÅL

1. Hvorfor sitter jenta og hvisker for seg selv?
2. Hvordan ser gutten ut?
3. Legger han merke til at hun har sagt noe dumt?
4. Synes han at Sjøbadet er det beste stedet å bade i Oslofjorden?
5. Har han bodd lenge i Oslo?
6. Har han lyst til å bli boende der?
7. Liker hun seg sammen med ham?
8. Hvordan blir skjorten hans skitten?
9. Hvorfor blir hun bekymret over det?
10. Ble de godt kjent med hverandre?

Skriv et kort resumé (sammendrag) av dette lesestykket.

Lesestykke, tjueførste lekse:

JORUN OG LILLEBROR*

av Johan Borgen

Lille Jorun var av den snille sorten[1]. Hun var fire og et halvt år da dette hendte som her skal fortelles om.

Lille Jorun bodde i et pent hus i byen, i annen etasje ut mot en gressplen, akkurat som et tun på landet. Opptil gressplenen støtte[2] et annet tun, men der var det grus på, og bak der lå flere hus. I et av dem bodde Lillebror som ikke var av den snille sorten[1].

Jorun var slik som de voksne har lett for å kalle en engel[3]. Stille og drømmende gikk hun omkring på gresset for seg selv, og befolket[4] alt omkring seg med sin fantasi[5] som vokste så en kunne merke det fra dag til dag. Allting var noe for henne : altså noe annet enn det egentlig var. Søppelkassene[6] bak hekken[7] som nettopp stod og fikk små lysegrønne blad, de var hus. Trærne som stod ved gjerdet inn mot det

ut mot *facing*
tun (et) *yard*
grus (et) *gravel*
voksen (*adj.*) *grown* : de voksne *grown-ups, adults*
drømme (-te, -t) *dream*
merke (-et, -et) *notice*
allting (*pron.*) *everything*
lysegrønn (*adj.*) *light green*
gjerde (et) *fence* inn mot *facing*

* lillebror (en) '*little brother*'

1. sort (en) *sort, kind.* 2. støte (-te, -t) opptil *border.*
3. engel (en) *angel.* 4. befolke (-et, -et) *populate.*
5. fantasi (en) *imagination.* 6. søppelkasse (en) *trash can.*
7. hekk (en) *hedge.*

tunet hvor det var grus, de var folk. Det ene treet het onkel Jan, etter en onkel hun ikke hadde, som var meget snillere enn noen onkel hun hadde. Et annet tre het Hirbinsen og ble kalt " herr ". Jorun sa herr Hirbinsen, og så lo hun av ham. En dag sa Joruns mor : " Hirbinsen er jo bare et tre, Jorun."

Da så Jorun at Hirbinsen var et tre, og da ble hun enda stillere.

Når Jorun hørte et barn gråte — et barn som var mindre enn henne — da skyndte hun seg bort til barnet, la seg på gresset og gråt med.

Alle voksne var enige om at Jorun var en engel[3].

Lillebror hadde to sykler. Når Lillebror var lei den ene sykkelen begynte han å brøle[8] og ville ta sykkelen fra en gutt som var meget større. Lillebror var bare fire, men tykk og stor og nokså sint.

Da kom moren hans gjerne ut med den andre sykkelen og sa : " Se her, Lillebror, ta den sykkelen du." Og verre var han ikke enn at han tok i mot den sykkelen de kom med og var glad til, så lenge det varte. En dag fikk han øye på Jorun.

Ikke for det. Han hadde sett Jorun gjennom nettinggjerdet[9] hver eneste dag, men han hadde aldri riktig sett henne. Og Jorun var vakker med sine sterkt blå og drømmende øyne, som flyttet seg sent fra det hun så på. Så da han først fikk øye på henne,

det ene treet *one of the trees*
onkel (en) *uncle*
lo : *past of* å le : le av *laugh at*
gråte (gråt, grått) *cry, weep*
enig (*adj.*) *in agreement* : være enig om *agree*
sykkel (en) (*pl.* sykler) *cycle*
tykk (*adj.*) (*here*) *fat, chubby*
gjerne (*adv.*) (*here*) *usually*
verre (*adj.*) *worse*
ta i mot *accept*
være glad til *be contented*
ikke for det *well, not really ; actually*
sterkt (*adv.*) (*here*) *deep* (*lit. strongly*)
sent (*adv.*) (*here*) *slowly*

8. brøle (-te, -t) *bellow*. 9. nettinggjerde (et) *wire fence*.

måtte han se på henne lenge. En hel dag stod han på grustunet og så henne gjennom nettingen[10].

Dagen etter sa han : " Jeg kommel ovel til deg."

Som sagt, så gjort. Han stakk de små skosnutene forsiktig inn i nettingen[10] og kløv[11] langsomt oppover. Til slutt var han helt oppe på toppen av gjerdet og hang der som en sekk[12] en liten stund. Så slapp han seg resolutt[13] ned på den andre siden og ble liggende og brøle[8].

Dette gjentok seg hver dag, og hver dag skjedde det merkelige at lille Jorun stod og så ham klyve[11] langsomt opp og så ham falle fort ned. Siden ble hun stående over ham mens han brølte[8]. Men da gråt hun ikke. Og når Lillebror reiste seg endelig og gned[14] all den skitt han kunne finne rundt med tårene[15] i ansiktet, tok hun ham i armen, spyttet[16] i ansiktet på ham og tørket ham med kjolen så de små buksene hennes syntes til hoften[17]. Dette likte Lillebror, og han gråt verre og verre hver dag når han falt ned av gjerdet, som virkelig var svært høyt — dobbelt så høyt som han selv.

En dag sa Jorun : " Sykkel."

" Sykkel ? " sa Lillebror. Det var den eneste samtalen de hadde ført noen gang.

" Sykkel," sa Jorun.

grustun (et) *gravel-covered yard*

kommel ovel = kommer over (*baby talk*)

skosnute (en) *shoe tip*

slutt (en) *end* : til slutt *at last*

slippe (*here*) *drop*

gjenta (-tok, -tatt) *repeat*

skje (-dde, -dd) *happen*

gråte (gråt, grått) *cry*

skitt (en) *dirt, filth*

tok ham i armen *took him by the arm*

tørke (-et, -et) *dry*

synes (*here*) *show, be seen*

dobbelt (*adv.*) *double*

føre en samtale *speak together, carry on a conversation*

10. netting (en) (*wire*) *mesh*. 11. klyve (kløv, kløvet) *climb*. 12. sekk (en) *sack*. 13. resolutt (*adv.*) *resolutely*. 14. gnide (gned, gnidd) *rub*. 15. tår (en) *tear*. 16. spytte (-et, -et) *spit*. 17. hofte (en) *hip*.

forskjell (en) (på) *difference (between)*

sete (et) *seat* tre (here) *wood*

voksen (*adj.*) *grown-up, adult*

på en annen måte *in a different way*

tvert i mot (*adv.*) *quite to the contrary*

rekke (rakte, rakt) *hand (over)*

forferdet (*adj.*) *terrified, appalled*

bestemt (*adv.*) *firmly*

tvilrådig (*adj.*) *confused, in doubt* overfor (*prep.*) *toward*

smil (et) *smile*

Nå var det en stor forskjell på de to syklene Lillebror hadde. Den ene hadde et sete av tre, grønt og pent å se på. Men på den andre sykkelen var det et sete av brunt skinn[18] med tre små spiralfjærer[19] under, akkurat som på voksne sykler med bare to hjul[20].

Dagen etter den samtalen som nettopp er fortalt om, kom Lillebror over til Jorun på en annen måte enn han pleide. Han kløv[11] ikke over gjerdet, men gikk tvert i mot rundt og ut på gaten som han ikke hadde lov til. Han hadde den sykkelen med seg som hadde brunt sete og tre spiralfjærer[19] under, akkurat som på de voksne sykler.

" Ha den," sa han og rakte Jorun sykkelen. Jorun så lenge på ham. Så rakte hun begge hendene fram etter sykkelen og sa :

" Låne ! "

" Ha ! " sa Lillebror og skjøv sykkelen bort til henne.

" Låne ! " sa Jorun forferdet. Han så på henne, krenket[21] :

" Ha ! " sa han bestemt.

De ble stående tvilrådig overfor hverandre. Så satte hun seg opp på sykkelen og begynte å trå[22]. Det var første gang hun satt på en sykkel. Og langsomt bredde[23] det seg over det lille alvorlige ansiktet et smil så tindrende, at vi som stod i vinduet og fulgte

18. skinn (et) *leather.* 19. spiralfjær (en) *spiral spring.* 20. hjul (et) *wheel.* 21. krenket (*adj.*) *hurt.* 22. trå (-dde, -dd) *tread,* (*here*) *pump.* 23. bre (-dde, -dd) seg *spread.*

denne romanen[24] fra dag til dag, vi fikk en klump[25] i halsen.

Og Jorun sa, med en helt ny stemme[26] :

" Sykkel ! "

" Ha ! " sa Lillebror.

Noen dager etter kunne vi se et underlig syn : Lille Jorun syklet på grusplassen på den andre siden av gjerdet eller trådde[22] tungt av sted på gresset på denne siden ; dagen lang syklet hun slik. Men etter henne sprang Lillebror som en hund i bånd[27]. Aldri hadde Lillebror hatt sånn glede av noen av syklene sine som denne han ikke eide mer, og aldri hadde noen sett Jorun slik. For så snart hun måtte hvile litegrann, så var Lillebror oppe på siden av henne og hengte seg om halsen på henne.

syn (et) *sight* sykle (-et, -et) *ride a cycle* grusplass (en) *gravel-covered area*

eie (-de, -d) *own*

Da kunne Jorun vri på seg og se sint ut, og jo mer hun vred på seg, desto mer forelsket ble Lillebror. Og nå hadde ikke lille Jorun det slik lenger at hun måtte gråte bare det var et barn som skrek. Tvert i mot kunne hun ta seg av barnet og stelle med det akkurat som en mor. Eller hun kunne bare la det skrike uten å bry seg om det. Og alle voksne som så på var enige om at lille Jorun ikke var sånn engel[3] lenger. Hun ble også stor og rødkinnet på denne tiden, og enda mer skinnende[28] i de blå øynene, og hun ble deiligere og deiligere i Lillebrors øyne. Og han ble snillere og snillere.

vri (vred *or* -dde, -dd) på seg *twist, turn away*
jo . . . desto . . . *the . . . the . . .*
forelsket (*adj.*) *in love, enamored*

skrike (skrek, skreket) *scream, cry* tvert i mot (*adv.*) *quite to the contrary*
ta seg av *take care of, tend to*

enig (*adj.*) *in agreement, agreed*

rødkinnet (*adj.*) *red-cheeked*

24. roman (en) *novel, story.* 25. klump (en) *lump.* 26. stemme (en) *voice.* 27. bånd (et) (*here*) *leash* : i bånd *on a leash.* 28. skinne (-te, -t) *shine.*

Men ennå var ikke moren hans riktig fornøyd med ham, for slik hadde aldri hun greid å få ham. Og så hendte noe sørgelig[29].

nøye (*adv.*) *carefully*

For en dag så fikk moren til Lillebror se nøyere på den sykkelen Jorun red[30] på, og så ropte hun :

" Men Lillebror ! Er ikke det din sykkel ? "

" Hva ? " sa Lillebror.

" Du hører godt hva jeg sier ! Er ikke det din sykkel Jorun rir[30] på ? Hvordan har hun fått den ? "

Og hun så riktig sint ut da hun sa det, både på Jorun og Lillebror, men kanskje mest på ham. Syntes han.

svare (-te, -t) *answer*

" Kan du ikke svare ? " sa hun.

Lillebror kjempet[31] en kort kamp med seg selv, og så sa han :

" Hun tok den fra meg ! "

du store verden *my heavens*

din stygge unge *you nasty child*

" Tok hun den fra deg ? Men du store verden, Jorun, det er da ikke mulig at du har tatt sykkelen fra Lillebror, vil du komme hit med den med en gang, din stygge unge ! "

noen ganger *sometimes*

bite i = bite finger (en) *finger*

Noen ganger når jeg står slik kan jeg se sykkelen ennå. Den står inne i et åpent skur[32] som er bakerst i hagen, og ingen bruker den. De første dagene så vi Lillebror som kom ut av døren i sitt hus og liksom ville bortover til gjerdet, men så kunne han ikke. Han blir stående og bite i fingrene sine til det gjør vondt, og så skriker han, så det er ille å

29. sørgelig (*adj.*) *sad.* 30. ri (red, ridd) *ride.* 31. kjempe (-et, -et) *fight.* 32. skur (et) *shed.*

høre på, men det er ingen som kan gjøre noe med ham allikevel, så det er like godt han skriker ut.

Til Jorun snakker han aldri mer, og aldri hun til ham. Hun holder seg på sin side — der hvor plenen er — og alltid i god avstand[33] fra gjerdet. Hun har ingen røde roser[34] i kinnene nå, og hvis det er et lite barn som skriker, så gråter hun med.

Alle voksne er enige om at hun er en engel[3].

like godt *just as well*

skrike ut *finish crying*

plen (en) *lawn* (= gressplen)

33. avstand (en) *distance* : i god avstand *at a good distance.* 34. rose (en) *rose.*

SPØRSMÅL

1. Hva slags barn var Jorun?
2. Hva lekte hun at trærne som stod ved gjerdet var?
3. Hvordan var hun mot andre barn?
4. Hva slags barn var Lillebror?
5. Hvordan kom Lillebror over til Jorun?
6. Hvorfor gråt han verre og verre hver dag når han falt ned fra gjerdet?
7. Førte Lillebror og Jorun lange samtaler?
8. Var de to syklene til Lillebror helt like?
9. Var Jorun like snill etter at hun hadde fått en sykkel av Lillebror?
10. Hvorfor var ikke moren til Lillebror fornøyd med ham slik som han var nå?
11. Hvorfor sa Lillebror at Jorun hadde tatt sykkelen fra ham?
12. Ble sykkelen brukt mye etter den dagen?

Skriv et kort resumé (sammendrag) av dette lesestykket.

VIDENSKAPSAKADEMIET*

av Sigurd Hoel

Det er lenge siden. Det hendte på en tid da menneskene enten var meget unge eller veldig gamle. Dessuten var vi alle, gamle som unge, utrolig naive. En verdenskrig var slutt, og vi trodde det var den siste. Så dumme var vi faktisk den gang.

På den tiden var jeg sekretær i Det Norske Videnskapsakademi. Det låter[1] fint — ja, Videnskapsakademiet *er* jo fint; men å være sekretær der, det låter[1] også ganske fint. Altså et det kanskje best å forklare like gjerne først som sist, at det *var* ikke så fint som det låter[1].

Noen videnskapelig stilling[2] var det ikke, nei. Jeg var rett og slett kontorist — skjønt, litt mer innviklet var det nå allikevel. Jeg var både kontorsjef og visergutt, og dessuten lagersjef[3] og bud[4], møte-arrangør, fest-arrangør, og innkjøpssjef når det gjaldt penn og blekk, papir og konvolutter[5], samt[6]

utrolig (*adv.*) *unbelievably* verdenskrig (en) *world war* (*here referring to World War I*) var slutt *had ended*

på den tiden *at that time* sekretær (en) *secretary* (*of an organization*)

forklare (-te, -t) *explain*

videnskapelig (*adj.*) *scientific*

rett og slett (*adv.*) *simply* kontorist (en) *office help* skjønt (*conj.*) *although* nå (*modal adv.*) *after all*

kontorsjef (en) *office manager* visergutt (en) *errand boy* møte-arrangør (en) *arranger of meetings* fest-arrangør (en) *arranger of banquets* innkjøps-sjef (en) *head buyer* når det gjaldt *concerning, with respect to*

* Videnskapsakademiet *The Academy of Science*

---

1. låte (låt, lått) *sound.* 2. stilling (en) *position, job.* 3. lagersjef (en) *stockroom manager.* 4. bud (en) *messenger.* 5. konvolutt [kånvolut′t] (en) *envelope.* 6. samt (*conj.*) *as well as, plus.*

blåpapir og fargebånd til Akademiets ene skrivemaskin.

Til mine gjøremål[7] hørte også det, å klippe frimerker av utenlandske brev. Med visse mellomrom ringte det nemlig på døren, og utenfor stod det en professor. Når han endelig var kommet seg inn og hadde fått av seg hatt og frakk og kalosjer[8] — gjenstander[9] som jeg siden måtte samle sammen og sette på ham igjen — fulgte han meg inn på kontoret og forklarte meg at han hadde en nevø eller en liten sønnesønn som var så interessert i frimerker og allerede hadde en ganske vakker samling. Om jeg altså . . .

Jeg fordelte frimerkene så rettferdig jeg kunne mellom de åtte-ti nevøer og sønnesønner.

Alle disse gjøremålene[7] — og en rekke andre som det ville føre for langt å regne opp — tok til sammen bare en liten del av min tid. Til daglig var Akademiet et stille sted. En flue surret[10], en fjern trikk klemtet[11], et ekorn løp opp og ned et tre ute i hagen og sa smatt-smatt, og vaktmesterens[12] katt lå i solen på verandaen ut mot hagen og mol[13] så det kunne høres gjennom de åpne dørene. Det hele var så fredelig som et eventyrslott, hvor prinsessen[14] lå og sov gjennom hundre år . . .

På den tiden var professorene virkelige

blåpapir (et) *carbon paper*
fargebånd (et) *typewriter ribbon*

utenlandsk (*adj.*) *foreign*
viss (*adj.*) *certain*
mellomrom (et) *interval*: med visse mellomrom *at certain intervals*
var kommet seg *had come*

nevø (en) *nephew* sønnesønn (en) *grandson*
allerede (*adv.*) *already* (=alt)
samling (en) *collection*
rettferdig (*adv.*) *justly*

rekke (en) *series, number*
regne (-et, -et) opp *count up, enumerate*

til daglig *usually*
flue (en) *fly* fjern (*adj.*) *distant*
ekorn (et) *squirrel*

katt (en) *cat*

det hele var *it was all*
eventyrslott (et) *fairytale castle*

på den tiden *at that time*
virkelig (*adj.*) *real*

7. gjøremål (et) *duty*. 8. kalosjer [kalås'jer] (*pl.*) *rubbers*. 9. gjenstand (en) *object*. 10. surre (-et, -et) *buzz*. 11. klemte (-et, -et) *clang*. 12. vaktmester (en) *janitor*. 13. male (mol, malt) *purr*. 14. prinsesse [prinses'se] (en) *princess*.

professorer. Mange av dem hadde hår og skjegg[15] fra forrige århundre ; andre brukte to og tre par briller samtidig ; noen var så lærde at de hverken visste ut eller inn. De fleste var kloke, snille, barnslige, uskyldige, utrolig diskrete[16] og så langt borte fra livets ondskap at en stakkars sekretær i samvær med dem kunne føle seg som den rene verdensmann.

Og fluene surret[10] og katten mol[13].

Noen ganger om året forandret Akademiets majestetiske[17] fred seg til en feberaktig uro. Atten ganger om året, for å si det nøyaktig. Det var hver gang det ble holdt møter. Hvert år ble det holdt seks møter i den matematisk-naturvitenskapelige klasse, seks i den historisk-filosofiske klasse og seks fellesmøter.

Møtene begynte et kvarter over seks om ettermiddagen og fant sted i den store salen oppe i annen etasje.

Forfatter[18] Johan Ellefsen, som var sekretær før meg, satte meg i løpet av en fjorten dagers tid inn i alle arbeidets hemmeligheter[19]. Det viktigste var disse møtene, og de viktigste av dem igjen var fellesmøtene, som ble avsluttet med smørbrød og øl.

Sekretærens viktigste oppgave[20] under disse møtene var å sitte på en stol lengst bak i salen, like ved døren. Han hadde andre plikter også, selvfølgelig — når tiden for

briller (*pl.*) *glasses*
lærd (*adj.*) *learned*
barnslig (*adj.*) *childish*
uskyldig (*adj.*) *innocent*
utrolig (*adv.*) *unbelievably*
ondskap (en) *evil*
ren (*adj.*) (*here*) *sheer*
verdensmann (en) *man of the world*
forandre (-et, -et) seg *change*
fred (en) *peace*
feberaktig (*adj.*) *feverish*
uro (en) *restlessness*
nøyaktig (*adv.*) *exactly*
møte (et) *meeting*
fellesmøte (et) *joint meeting*
kvarter (et) *quarter of an hour*
finne sted *take place*
sal (en) *hall*
sette inn i *familiarize with*
i løpet av *in the course of*
viktig (*adj.*) *important*
avslutte (-et, -et) *end*
plikt (en) *duty*

15. skjegg (et) *beard.* 16. diskret [diskre′] (*adj.*) *discreet.* 17. majestetisk [majeste′tisk] (*adj.*) *majestic.* 18. forfatter (en) *author.* 19. hemmelighet (en) *secret.* 20. oppgave (en) *assignment, duty.*

møtet nærmet seg, måtte for eksempel foredragsholderen[21] finnes og hjelpes opp på talerstolen med manuskript[22], lesebriller og klokke som måtte tas opp av vestelommen[23] og legges foran ham. Men deretter hadde sekretæren å gå tilbake til sin plass på stolen ved døren.

talerstol (en) *podium* lesebriller (*pl.*) *reading glasses* klokke (ei) (*here*) *watch*

deretter (*adv.*) *after that* hadde sekretæren *it was the secretary's duty*

— Men hvorfor nettopp på den stolen? spurte jeg.

— Vent, skal du få se! sa Johan Ellefsen.

Og jeg fikk se.

Det må her innskytes[24], at dørhåndtakene i Videnskapsakademiet ikke var alminnelige dørhåndtak. Det var store krystallkuler. På selve kulen var det umulig å se hvilken vei en skulle vri den.

dørhåndtak (et) *door knob*

krystallkule (en) *crystal ball,* (*here*) *round glass knob*

kule (en) *ball*: på selve kulen *from the knob itself* umulig (*adj.*) *impossible* vri (vred *or* -dde, -dd) *turn, twist* gang (en) *motion*: i full gang *in full swing* alvor (et) *seriousness*: for alvor *in earnest* gal (*adj.*) *wrong*

Møtet var nå i full gang, og professorene begynte for alvor å komme.

Krystallkulen ble vridd — den gale veien — og det ble rykket[25] i døren, som ikke åpnet seg. Kulen ble vridd en gang til, denne gang den riktige veien. Døren åpnet seg, og inn kom en professor i matematikk. Johan Ellefsen hvisket til meg:

professor i *professor of* matematikk (en) *mathematics*

— Av en eller annen grunn vrir de alltid den gale veien først. Hvis de så neste gang vrir den riktige veien, er det enten et medlem av den matematisk-naturvitenskapelige klasse eller professor Koht. Etter å ha vridd galt to ganger, vrir de fleste riktig, unntatt professor Hægstad. Han vrir den gale veien

grunn (en) *reason*: av en eller annen grunn *for one reason or another*

medlem (et) *member*

galt (*adv.*) *incorrectly*

21. foredragsholder (en) *lecturer.* 22. manuskript (et) *manuscript.* 23. vestelomme (en) *vest pocket.* 24. innskyte (-skjøt, -skutt) *inject,* (*here*) *mention.* 25. rykke (-et, -et) *pull.*

inntil seks ganger. Det er av hensyn[26] til ham sekretæren må sitte på denne stolen.

At Ellefsens statistiske[27] opplysninger var riktige (han var cand. oecon.[28]), det fikk jeg siden anledning[29] til å slå fast ved personlig erfaring[30] gjennom en rekke år.

Det er underlig hvordan miljøet[31] setter sitt preg[32] på menneskene. På et fellesmøte —jeg hadde vært i stillingen[2] et par år og hadde nettopp sloppet inn professor Hægstad — tenkte jeg følgende tankerekke, som ennå forekommer[33] meg å ha et visst vitenskapelig preg[32] :

" Det fortelles, at hvis en plasserer en gjedde[34] og en gullfisk i samme akvarium[35] med en tykk glassplate mellom dem, så vil gjedden selvfølgelig gjøre et rush[36] etter gullfisken. Men den får ikke tak i gullfisken, isteden får den seg et slag på snuten. Den tenker : Bedre lykke neste gang ! og gjør et rush[36] til. Det samme gjentar seg, om og om igjen. Når gjedden har fått dette slag på snuten tyve ganger, kan en løfte[37] glassplaten opp, gjedden har lært sin lekse og vet at å løpe etter gullfisk det vil bare si å få et slag på snuten.

Det Norske Videnskapsakademi har hatt dette huset i femten år. Professor Hægstad

inntil (*adv.*) *until*, (*here*) *as many as*

opplysninger (*pl.*) *information*

slå fast *substantiate, ascertain*
personlig (*adj.*) *personal*
rekke (en) *series, number*

fellesmøte (et) *joint meeting*

slippe inn *let in*

tankerekke (en) *series of thoughts*
viss (*adj.*) *certain*

plassere (-te, -t) *place*

gullfisk (en) *goldfish*

glassplate (en) *plate of glass*

slag (et) *blow* snute (en) *snout*
lykke (en) *joy, luck* : bedre lykke *better luck*
om og om igjen *again and again*

26. hensyn (et) *consideration* : av hensyn til *out of consideration for*. 27. statistisk (*adj.*) *statistical*. 28. cand. oecon. [kand økå'n] *M.A. in economics*. 29. anledning (en) *opportunity*. 30. erfaring (en) *experience*. 31. miljø (et) *milieu, surroundings*. 32. preg (et) *mark, characteristic*. 33. forekomme (-kom, -kommet) *seem, appear to*. 34. gjedde (en) *pike*. 35. akvarium (et) *aquarium*. 36. rush [røsj] (et) *charge, rush*. 37. løfte (-et, -et) *lift*.

— professor i nynorsk — har vært på tolv møter om året, det blir 180 møter. Hver gang har han vridd kulen den gale veien, ikke en, ikke to, men opptil seks ganger . . ." Jeg tror det var fra det øyeblikk jeg følte meg sikker på at nynorsken ville seire.

opptil (*adv.*) *up to*, (*here*) *as many as*
føle seg sikker på *feel sure of*
seire (-et, -et) *win, be victorious*

SPØRSMÅL

1. Hva trodde folk etter den første verdenskrig?
2. Var det en fin stilling Sigurd Hoel hadde i Det Norske Videnskapsakademi?
3. Hadde han mye å gjøre i den stillingen?
4. Hvem tror du det egentlig var som samlet på frimerkene?
5. Var Videnskapsakademiet et travelt sted til daglig?
6. Hvordan er " virkelige " professorer?
7. Var det alltid fredelig i Videnskapsakademiet?
8. Hvorfor måtte sekretæren sitte på stolen ved døren under møtene?
9. Var det forskjell på professorene når det gjaldt å åpne døren?
10. Hvordan satte miljøet sitt preg på Hoel?
11. Lærer gjedden fort ikke å løpe etter gullfisk?
12. Er alle mennesker like flinke til å lære noe nytt?

Skriv et kort resumé (sammendrag) av dette lesestykket.

Lesestykke, tjuetredje lekse:

En scene fra*

'KONGSEMNERNE'[1]

av Henrik Ibsen (1828–1906)

(In the middle of the thirteenth century there were two men engaged in a struggle for the crown of Norway: King Håkon Håkonsson and Earl Skule. In Ibsen's play about this struggle, Håkon is portrayed as believing himself to be destined to unite all of Norway—his " store kongstanke "—while Earl Skule is portrayed as having doubts about *his* royal mission, reflecting the doubts which Ibsen himself had about his own mission in life at the time when he wrote the play (in 1863). When the following scene takes place in the play, Skule, having won a battle against Håkon's forces, is temporarily recognized as king of part of Norway.)

KONG SKULE Siden Håkon talte sin store kongstanke ut, ser jeg ingen annen tanke i verden enn den ene. Kan jeg ikke ta den og gjøre den til sannhet, så ser jeg ingen tanke å stride for. (Tankefull.) Og kan jeg det da ikke? Hvis jeg ikke kunne, hvorfor elsker jeg da Håkons tanke?

JATGEIR (kommer inn) Tilgi[2], herre konge,

tale (-te, -t) ut *express*
kongstanke (en) *royal thought*
sannhet (en) *truth*
stride (stred, stridd) *fight*
tankefull (*adj.*) *thoughtful, pensive*
elske (-et, -et) *love*
herre (en) *lord, sir* konge (en) *king*: herre konge *my lord*

*scene (en) *scene*

---

1. Kongsemnerne *The Pretenders* (*i.e., pretenders to a throne*).
2. tilgi (-ga, -gitt) *forgive.*

at jeg kommer —

KONG SKULE Godt at du kommer, skald!

JATGEIR Jeg hørte bymennene tale i herberget[3] om at —

KONG SKULE Vent med det. Si meg, skald; du som har reist vidt om i fremmede land, har du noen gang sett en kvinne elske et fremmed barn? Ikke bare ha det kjær — *det* mener jeg ikke; men *elske* det, elske det med sin sjels heteste kjærlighet.

JATGEIR Det gjør bare de kvinner, som ikke har egne barn å elske.

KONG SKULE Bare de kvinner —?

JATGEIR Og helst de kvinner, som er ufruktbare.

KONG SKULE Helst de ufruktbare —? *De* elsker de andres barn med all sin heteste kjærlighet?

JATGEIR Det hender ofte.

KONG SKULE Og hender det ikke også at slik ufruktbar kvinne dreper en annens barn, fordi hun selv intet har?

JATGEIR Å jo; men hun gjør ikke klokt i det.

KONG SKULE Klokt?

JATGEIR Nei, for hun gir sorgens gave til den, hvis barn hun dreper.

KONG SKULE Tror du at sorgens gave er så meget god?

JATGEIR Ja, herre.

KONG SKULE Hm. Si meg, Jatgeir, hvordan

skald (en) *poet* (*Old Scandinavian*)
bymann (en) *inhabitant of a city* tale (-te, -t) *speak, talk*
vidt (*adv.*) *widely*
kjær (*adj.*) *dear*: ha kjær *be fond of, love*
sjel (en) *soul*
kjærlighet (en) *love*
ufruktbar (*adj.*) *sterile* (*lit. unfruitful*)
drepe (-te, -t) *kill*
intet = ikke noe
gjøre klokt *act wisely*
gave (en) *gift*
hvis (*pron.*) *whose*

3. herberge (et) *inn, lodgings.*

gikk det til at du ble skald? Hvem lærte du skaldskap av?

gå til *happen, come about*
skaldskap (en) *poetic art*

JATGEIR Skaldskap læres ikke, herre.

KONG SKULE Læres det ikke? Hvordan gikk det da til?

JATGEIR Jeg fikk sorgens gave og så var jeg skald.

KONG SKULE Så det er sorgens gave som skalden trenger?

JATGEIR *Jeg* trengte sorgen; det kan være andre som trenger troen eller gleden — eller tvilen —

tro (en) *faith, belief*
tvil (en) *doubt*

KONG SKULE Tvilen også?

JATGEIR Ja; men da må den tvilende være sterk og frisk.

tvile (-te, -t) *doubt*

KONG SKULE Og hvem kaller du en ufrisk tviler?

ufrisk (*adj.*) *unhealthy*
tviler (en) *doubter*

JATGEIR Den som tviler på sin egen tvil.

tvile på *doubt*

KONG SKULE (langsomt) Jeg tror det må være døden. (Fort, mens han liksom ryster[4] tankene av seg.) Hvor er mine våpen! Jeg vil stride og handle — ikke tenke. Hva var det du ville melde meg, da du kom?

våpen (et) *weapon* handle (-et, -et) *act*
melde (-te, -t) *report (to), tell*

JATGEIR Jeg ville melde hva jeg merket i herberget[3]. Bymennene taler seg i mellom; de ler og spør om vi vet så visst, at kong Håkon er på Vestlandet; det er noe de gleder seg over.

seg i mellom *between themselves*
spør: *pres. of* å spørre
glede seg over *be pleased about*

KONG SKULE De er Vikværinger[5], og Vikværinger er meg i mot.

meg i mot = i mot meg *against me*

4. ryste (-et, -et) av *shake off.* 5. Vikværinger (*pl.*) *inhabitants of Vik—old name for the Oslo area.*

JATGEIR De spotter[6] over at kong Olafs[7] skrin[8] ikke kunne flyttes ut, da De ble hyllet[9].

KONG SKULE Neste gang jeg kommer til Nidaros *skal* skrinet[8] ut; det skal stå under åpen himmel, om jeg så skal rive[10] Olafskirken[7] i grus.

JATGEIR Sterk gjerning er det; men jeg skal dikte et kvad[11] derom, likeså sterk som gjerningen.

KONG SKULE Sitter du inne med mange udiktede kvad[11], Jatgeir?

JATGEIR Nei, men med mange ufødte; de unnfanges[12] ett etter ett, får liv og så fødes de.

KONG SKULE Og hvis jeg, som er konge, og har makten, hvis jeg lot deg drepe, ville så hver en ufødt skaldetanke du bærer på, dø med deg?

JATGEIR Herre, det er en stor synd å drepe en fager tanke.

KONG SKULE Jeg spør ikke om det er *synd*; men jeg spør om det er gjørlig!

JATGEIR Jeg vet ikke.

KONG SKULE Har du aldri hatt en annen skald til venn, og har han aldri skildret[13] for deg et stort og herlig[14] kvad[11] som

Nidaros *old name for Trondheim*
om jeg så skal *even if I have to*
gjerning (en) *deed*
dikte (-et, -et) *compose (a poem)* derom *about it* likeså (*adv.*) *just as*
sitte inne med *possess, contain,* (*here*) *have in mind* udiktet (*adj.*) *uncomposed*
ufødt (*adj.*) *unborn*
fødes (fødtes) *be born*
makt (en) *power* la drepe *have killed*
hver en *each* skaldetanke (en) *poetic thought*
synd (en) *sin*
fager (*adj.*) *beautiful*
gjørlig (*adj.*) *feasible*
til venn *as a friend*

6. spotte (-et, -et) *scorn, deride.* 7. kong Olaf *Olaf Haraldsson (d. 1030), known as Saint Olaf. His coffin in the cathedral in Nidaros was a shrine.* 8. skrin (et) *casket, coffin.* 9. hylle (-et, -et) *acclaim (here: as king).* 10. rive (rev, revet) *demolish, destroy*; rive i grus *level to the ground.* 11. kvad (et) *poem (Old Norwegian).* 12. unnfange (-et, -et) *conceive.* 13. skildre (-et, -et) *depict.* 14. herlig (*adj.*) *wonderful.*

han ville dikte?

JATGEIR Jo, herre.

KONG SKULE Ønsket du så ikke, at du kunne drepe ham, for å ta hans tanke og dikte kvadet selv?

JATGEIR Herre, jeg er ikke ufruktbar; jeg har egne barn; jeg trenger ikke til å elske andres. (Går.)

KONG SKULE Islendingen[15] er virkelig skald. Han taler Guds dypeste sannhet og vet det ikke. — *Jeg* er som en ufruktbar kvinne. Derfor elsker jeg Håkons kongelige tankebarn, elsker det med min sjels heteste kjærlighet. Men det ville dø i mine hender. Hva er best, enten at det dør i mine hender, eller at det vokser seg stort i hans? Får jeg fred i sjelen hvis det skjer? — Hvor det er dødt og tomt inni meg — og rundt om. Ingen venn —; Islendingen[15]! (Går til døren og roper ut.) Er skalden gått fra kongsgården?

EN HIRDMANN[16] (utenfor) Nei herre, han står i forhallen[17] og taler med vakten[18].

KONG SKULE Så si, han skal komme inn! (Går nedover til bordet; om litt kommer Jatgeir.) Jeg kan ikke sove, Jatgeir; det er alle de store kongelige tanker som holder meg våken, ser du.

JATGEIR Det er med kongens tanker som med skaldens, kan jeg skjønne. De flyr

ønske (-et, -et) *wish*
drepe (-te, -t) *kill*
ufruktbar (*adj.*) *sterile*
Gud (en) *God* sannhet (en) *truth*
kongelig (*adj.*) *royal*
tankebarn (et) *brainchild*
sjel (en) *soul*
inni = inne i rundt om *round about*
er gått = har gått
kongsgård (en) *palace*
tale (-te, -t) *speak, talk*
om litt *in a little while*
våken (*adj.*) *awake*: holde våken *keep awake*

15. islending (en) *Icelander* (*i.e., Jatgeir*). 16. hirdmann (en) *courtier*. 17. forhall (en) *entry*. 18. vakt (en) *guard*.

høyest og vokser best når det er stillhet og natt omkring.

KONG SKULE Er det *så* med skaldens også?

JATGEIR Ja, herre; intet kvad[11] fødes ved dagslys; det kan skrives ned i solskinn; men det dikter seg en stille nattetime.

KONG SKULE Hvem ga deg sorgens gave, Jatgeir?

JATGEIR Den jeg elsket.

KONG SKULE Hun døde da?

JATGEIR Nei, hun svek[19] meg.

KONG SKULE Og så ble du skald?

JATGEIR Ja, så ble jeg skald.

KONG SKULE Hva gave trenger *jeg* for å bli konge?

JATGEIR Ikke tvilens; for da spurte De ikke så.

KONG SKULE Hva gave trenger jeg?

JATGEIR Herre, De *er* jo konge.

KONG SKULE Tror *du* til hver en tid så visst, at du er *skald*?

JATGEIR (ser en stund taus på ham og spør) Har De aldri elsket?

KONG SKULE Jo, en gang — brennende, fagert og i brøde[20].

JATGEIR De har en hustru.

KONG SKULE Henne tok jeg til å føde meg sønner.

JATGEIR Men De har en datter, herre — en mild og herlig[14] datter.

KONG SKULE Var min datter en sønn, så

stillhet (en) *quiet, stillness*

intet = ikke noe

dagslys (et) *daylight* solskinn (et) *sunshine*

gave (en) *gift*

konge (en) *king*

tvil (en) *doubt*

til hver en tid *at all times*

taus (*adj.*) *silent*

brennende (*adv.*) *intensely*: *from* brenne (-te, -t) *burn*

fagert (*adv.*) *beautifully*

hustru (en) *wife*

sønn (en) *son*

19. svike (svek, sveket) *deceive, betray.* 20. brøde (en) *crime*: i brøde *illegally.*

spurte jeg ikke deg hva gave jeg trengte. Jeg *må* ha noen om meg som lyder[21] meg uten vilje selv — som tror usvikelig[22] på meg, som vil holde seg innerst til meg i godt og ondt, som bare lever for å lyse og varme over mitt liv, som må dø om jeg faller. Gi meg et råd, Jatgeir skald !

JATGEIR Kjøp Dem en hund, herre.

KONG SKULE Skulle ikke et menneske strekke til[23] ?

JATGEIR Slikt menneske måtte De lete[24] lenge etter.

KONG SKULE (plutselig) Vil *du* være det for meg, Jatgeir ? Vil *du* være meg en sønn ! Du skal få Norges krone i arv[25] — du skal få land og rike hvis du vil være meg en sønn, leve for mitt livsverk og tro på meg !

JATGEIR Og hva sikkerhet skulle jeg stille[26] for at jeg ikke hyklet[27] — ?

KONG SKULE Slipp ditt kall i livet ; dikt aldri mere, så vil jeg tro deg !

JATGEIR Nei, herre — det var å kjøpe kronen for dyrt.

KONG SKULE Tenk deg om ! Det er mere å være konge enn å være skald !

JATGEIR Ikke alltid.

KONG SKULE Men jeg *må* — jeg *må* ha et

vilje (en) *will*

innerst (*adv.*) *innermost, closest*

ond (*adj.*) *evil, bad* lyse (-te, -t) *light*

varme (-et, -et) *warm*

gi et råd *give advice, advise*

være meg en sønn *be a son to me*

rike (et) *kingdom*

livsverk (et) *lifework*

sikkerhet (en) *security*

kall (et) *call, mission* dikte (-et, -et) *write poetry*

var = (*here*) ville være

for dyrt *at too high a price*

tenke seg om *reconsider*

21. lyde (lød, lydt) *obey*. 22. usvikelig (*adv.*) *unfalteringly*. 23. strekke (strakk, strukket) til *be sufficient, be capable*. 24. lete (-te, -t) *search*. 25. arv (en) *inheritance* : i arv *as an inheritance*. 26. stille (-te, -t) *place, set up*. 27. hykle (-et, -et) *be hypocritical*.

menneske som kan tro på meg! Bare et eneste! Jeg føler det — har jeg det, så er jeg frelst[28]!

JATGEIR Tro på Dem selv, da er De frelst!

EN HIRDMANN[16] (løper inn) Kong Skule, verg[29] Dem nå! Håkon Håkonsson ligger ved Elgjarness med hele sin flåte[30]!

KONG SKULE Ved Elgjarness —! Han er ikke langt borte da.

JATGEIR Nå i stål[31] og plate[32]! Skjer her mannefall i natt, skal jeg gladelig være den første som faller for Dem!

mannefall (et) *dying (in battle)* gladelig (*adv.*) *with pleasure, gladly*

KONG SKULE *Du*, som ikke ville leve for meg.

JATGEIR En mann kan falle for en annens livsverk; men skal han bli ved å leve, så må han leve for sitt eget. (Går.)

bli ved *continue*

28. frelse (-te, -t) *save.* 29. verge (-et, -et) *defend.* 30. flåte (en) *fleet.* 31. stål (et) *steel.* 31. plate (en) (*here*) *armor.*

SPØRSMÅL

1. Hva slags kvinner elsker andres barn?
2. Hvorfor spør kong Skule Jatgeir om dette?
3. Hvordan ble Jatgeir skald?
4. Hvorfor lar Ibsen Jatgeir si at noen trenger tvilen for å bli skald?
5. Hva vil kong Skule heller gjøre enn å tenke?
6. Hvorfor elsker Skule Håkons kongstanke?
7. Hvorfor tror kong Skule at han ikke kan sove?

8. Hvorfor gir Jatgeir kong Skule det rådet at han skal kjøpe seg en hund ?
9. Hvorfor vil han ikke slippe sitt kall i livet og bli en sønn for kong Skule ?
10. Hvorfor kan han dø for kong Skule når han ikke ville leve for ham ?

Skriv et kort resumé (sammendrag) av dette lesestykket.

Lesestykke, tjuefjerde lekse:

1 • VÆRMELDINGER I NORSK RIKSKRINGKASTING*

(Juni 1961)

Dette er Meteorologisk Institutt[1]. I Oslo er det nå vindstille, lettskyet pent vær, og temperaturen er 15,8[2] grader. Minimum i natt var 9,9. Temperaturen på Tryvasshøgda er 13,6 grader. Det ventes overveiende[3] pent vær østafjells også i dag med litt høyere temperatur enn i går.

vindstille (en) *calm* lettskyet (*adj.*) *partly cloudy* temperatur (en) *temperature* grad (en) *degree* minimum (et) *minimum* i natt *last night* Tryvass- = Tryvanns- : høgd (ei) *heights* (*cf.* 19. Lekse) østafjells (*adv.*) *east of the mountains*

Værvarsler som gjelder til midnatt:

Jyske rev[4], Skagerak, kysten Lindesnes — Stavern, ytre Oslofjord: Sørvest bris, styrke 3 til 4. Frisk bris, styrke 5, på kysten i ettermiddag. Delvis skyet. Pent vær og god sikt.

Indre Agder, Østlandet med Oslo: Lett bris, delvis skyet. Pent vær.

Rørosfjella, Rondane, Dovrefjell: Lett bris, senere noe økende[5] sør, sørvest bris.

værvarsel (en) *weather forecast* gjelde (gjaldt, gjeldt) *be valid* midnatt (en) *midnight* kyst (en) *coast* ytre (*adj.*) *outer* bris (en) *breeze* styrke (en) *strength* frisk (*adj.*) *fresh* delvis (*adv.*) *partly, partially* skyet (*adj.*) *cloudy, clouded* sikt (en) *visibility* indre (*adj.*) *inner*

noe (*adv.*) *somewhat*

*værmelding (en) *weather report* Rikskringkasting *State Broadcasting Service*

---

1. Meteorologisk Institutt *The Meteorological Institute* (*at Blindern*). 2. 15,8 *read* femten komma åtte (= 15.8). 3. overveiende (*adv.*) *predominantly, from* veie (-dde, -dd) *weigh.* 4. Jyske rev *the reefs along the north coast of Jutland in Denmark.* 5. øke (-et, -et) *increase.*

Lettskyet, senere delvis skyet. For det meste pent vær.

Jotunheimen, Hemsedalsfjella og Hallingdalsfjella : Økende[5] sørlig bris. Delvis skyet, senere skyet. Oppholdsvær.

Hardangervidda aust, fjelltraktene i Telemark, og Setesdalsheiene : Lett bris, senere økende[5] sørlig bris. Delvis skyet, senere skyet. Oppholdsvær og til dels pent vær.

Over til Bergen.

Dette er værvarslinga fra Vestlandet. I Bergen er det nå sørvest lett bris, regnbyger, og temperaturen er 9,7 grader. Minimumstemperaturen i natt var 8,1. I Trondheim er det nå sørvestlig svak vind, regnbyger, og temperaturen er 7,4 grader. Det ventes litt mindre bygeaktivitet i Vest-Norge, ellers ventes det ingen større vær- eller temperaturendringer i dag.

Værvarsler som gjelder til midnatt : Høyfjellet, Filefjell, Hallingskarvet, Bergensbanen fra Voss til Geilo, Hardangervidda vest, Ryfylkeheiene : Byget, liten vestlig kuling, minkende[6] til frisk bris. På vestsiden noen regnbyger. Snøbyger over ca.[7] 800 til 1000 meter. På austsiden skiftende[8] skydekke, noen få sludd- eller regnbyger. Lettere vær utpå dagen.

Kysten Lindesnes — Åna-Sira og dalstrøkene innenfor, Sør-Rogaland med Stavanger : Vestlig bris, opptil liten kuling på

for det meste (*adv.*) *mostly*
sørlig (*adj.*) *southerly*
oppholdsvær (et) *non-rainy weather*
aust = øst fjelltrakt (en) *mountain area* hei (en) *heath*
til dels (*adv.*) *partly, partially*
værvarsling (ei) *weather report*
regnbyge (en) (*rain*) *shower*
minimumstemperatur (en) *minimum temperature*
sørvestlig (*adj.*) *south-westerly* vind (en) *wind*
bygeaktivitet (en) *shower activity*
større (*here*) *appreciable, extensive*
endring (en) *change*
byget (*adj.*) *showery* kuling (en) *gale*
frisk (*adj.*) *fresh*
snøbyge (en) *snow flurry*
skydekke (et) *cloud covering*
sludd (et) *sleet*
utpå dagen *later in the day*
dalstrøk (et) *valley district*
innenfor (*adv.*) *within,* (*here*) *inland*

6. minke (-et, -et) *decrease.* 7. ca. = circa *approximately.*
8. skifte (-et, -et) *shift, change.*

kysten i ettermiddag. Skiftende[8] skydekke. Enkelte regnbyger.

Nord-Rogaland, Hordaland, Bergen, Sogn og Fjordane: Bris mellom vest og sørvest, opptil frisk bris på kysten. Skiftende[8] skydekke. Noen regnbyger, men noe lettere vær fra i ettermiddag eller i kveld.

Møre og Romsdal: Sørvest frisk bris med kulingbyger på kysten. Skyet. Noen regnbyger, særlig i ytre og midtre strøk.

Trøndelag med Trondheim: Vest eller sørvest stiv kuling på kysten, minkende[6] litt utover dagen. Skyet. Noen regnbyger.

Haltenbanken[9] og Frøyabanken[9]: Vest, sørvest byget stiv kuling, styrke 7, minkende[6] litt utover dagen. Noen regnbyger, ellers god sikt.

Storegga[9]: Vest, sørvest liten kuling, styrke 6, senere frisk bris, styrke 5. Noen regnbyger, ellers god sikt.

Færøybankene[9], Tampen[9], Vikingbanken[9], Sjetlandsbankene[9], Orknøyene[10]: Laber[11] til frisk vest, sørvest bris, styrke 4 til 5. Spredte regnbyger, god sikt.

Fladen Grunn[9], revet[12] Lindesnes — Jæren, Store- og Lille-Fiskebank[9], Kvitbanken[9], Doggerbank[9], Hebridene[13]: Vest, sørvest laber bris, styrke 4. Noen få regnbyger. God sikt.

Over til Tromsø.

enkelt (*adj.*) (*here*) *occasional, scattered*

noe (*adv.*) *somewhat*

kulingbyge (en) *gale with showers*

midtre (*adj.*) *middle* ytre (*adj.*) *outer* strøk (et) *district*

stiv (*adj.*) *stiff,* (*here*) *full*

utover dagen *in the course of the day*

byget (*adj.*) *showery*

sikt (en) *visibility*

spredt (*adj.*) *scattered* (= spredd)

9. *names of fishing banks off the coast of Norway and in the North Atlantic.* 10. Orknøyene *the Orkney Islands.* 11. laber (*adj.*) *light* (*e.g., breeze*). 12. rev (et) *offshore reefs.* 13. Hebridene *the Hebrides.*

Dette er værvarslinga fra Nord-Norge. I Tromsø er det nå lett vestlig bris, regnbyger, og temperaturen er 7,6 grader. Minimumstemperaturen i natt var 6 grader. Et lavtrykk utenfor Lofoten går mot aust, nordaust. Et annet lavtrykk ved Bjørnøya[14] går nordover. Disse lavtrykkene dirigerer[15] fuktig og forholdsvis[16] kjølig luft over Nord-Norge.

lavtrykk (et) *low pressure (area)*

kjølig (*adj.*) *cool*

Værvarsler som gjelder til midnatt :

Helgeland, Saltfjell, Salten, Lofoten, Skrinnabanken[9], Trenabanken[9], Grunnrevet[9] og Røstbanken[9] : Stiv vest, sørvest kuling, styrke 7, på kysten og til havs, dreiende[17] vest, nordvest, og spakning[18] til frisk bris, styrke 5, fra i kveld. Regnbyger.

til havs *at sea*

Ofoten, høyfjellet ved Ofotbanen, Vesterålen, Vesterålsbankene[9], Troms, bankene[19] utenfor Troms : Øking[20] til frisk vest, sørvest bris, styrke 5. Regnbyger.

Finnmarksvidda, fjellstrøkene i Aust-Finnmark : Laber[11] vest, sørvest bris. Skiftende[8] skydekke. Enkelte regnbyger.

fjellstrøk (et) *mountain district*

Kyst- og fjordstrøkene i Vest-Finnmark, kysten Nordkapp — Vardø, bankene[19] utenfor Finnmark og strekningen[21] Torsvåg — 72 grader nord : Frisk vestlig bris, styrke 5, som dreier[17] vest, sørvest. Noen regnbyger.

kyststrøk (et) *coastal district*
fjordstrøk (et) *fjord district*

Strekningen 72 grader nord — Sørkapp[22] :

14. Bjørnøya *island 600 km. north of Tromsø (lat. 74 degrees north)*. 15. dirigere (-te, -t) *direct*. 16. forholdsvis (*adv.*) *comparatively*. 17. dreie (-de, -d) *turn*. 18. spakning (en) *decrease*. 19. bank (en) *fishing bank*. 20. øking (en) *increase*. 21. strekning (en) *stretch, distance*. 22. Sørkapp *southern tip of Vest-Spitsbergen (at 77 degrees north)*.

nordlig (*adj.*) *northerly*

Liten nordlig kuling, styrke 6, som dreier[17] nordvest. Regn og regnbyger.

Vest-Spitsbergen[23] fra Bellsund til Ny Ålesund : Liten nordaust kuling. Noe regn.

Dette var værmeldinga.

Over til Oslo.

23. Vest-Spitsbergen *westernmost and largest of the islands comprising Svalbard.*

2 • TO FØREMELDINGER*

(i telefonen i Oslo)

fremme (*noun*) *promotion, advancement*

høyde (en) *heights* (*here referring to Nordmarka*)

minus (*adj.*) *minus* null (et) *zero* regne med *count on*

smøre (-te, -t) *wax*

noe (*adv.*) *somewhat*

Tryvannsåsen *the ridge* (ås) *above Tryvann*

skarpere (*adj.*) (*here*) *faster, icier*

utforkjøring (en) *downhill run*

drift (en) *operation*

Foreningen til Ski-Idrettens Fremme melder . . . dag den . . . kl. . . . :

Det er klarvær og sol i høyden, og temperaturen er fra minus 7 til null grader, mildest i høyden. En må regne med høyere temperatur i høyden utover dagen. Smør skiene med tanke på dette. Hovedløypene[1] nærmest byen er noe slitt[2], men løypeslådden[3] har gjort dem bedre rundt Tryvannsåsen og til Ullevålsseter[4]. Føret er blitt skarpere, vis varsomhet[5] ved utforkjøringer.

I Tryvannskleiva er skitrekket i drift.

*føremelding (en) *skiing condition report.*

1. hovedløype (en) *main skitrail* (løype). 2. slitt (*adj.*) *worn.* 3. løypeslådd (en) *harrow used to break up hard-packed skitrails.* 4. Ullevålsseter *tourist cabin in Nordmarka.* 5. varsomhet (en) *care, caution.*

I Rødkleiva[6] er skitrekket i drift i dag fra kl. 16 til 21.

Norefjell[7] melder: Klart, pent vær, minus 2 grader, skareføre i fjellet, kornsnø i skogslende.

Øvre skitrekk er i drift.

God tur!

skareføre (et) *crusted snow conditions* kornsnø (en) *granular snow* skogslende (et) *forest terrain* øvre (*adj.*) *upper*

Foreningen til Ski-Idrettens Fremme melder . . . dag den . . . kl. . . . :

Det er skyet, og temperaturen er fra pluss 1 til minus 2 grader. Det er litt regn i lavere strøk, og det er nysnø i høyden. Det er nå gode føreforhold i høyere strøk, men vær oppmerksom på at bekker og os[8] er åpne og at det kan være overvann under nysnøen. I lavere strøk rundt byen er det lite snø og en må vise varsomhet[5], spesielt i sydvendte utforkjøringer.

pluss (*adj.*) *plus*

føreforhold (et) *skiing condition* (forhold (et) *condition*) oppmerksom (*adj.*) *attentive, aware*: oppmerksom på *aware (of)* bekk (en) *brook* overvann (et) *surface water (on a frozen lake)*

spesielt (*adv.*) *especially* (= særlig) sydvendt (*adj.*) *facing south*

Skitrekket i Tryvannskleiva er i drift.

Norefjell[7] melder: Skyet oppholdsvær, minus 3 grader, 25 cm.[9] nysnø, silkeføre over hele Norefjell.

Øvre skitrekk er i drift.

Bra vintervei til fjells, men ta med kjettinger[10].

God tur!

silkeføre (et) *powder ('silk') skiing conditions*

vintervei (en) *winter driving conditions*

6. Rødkleiva *Olympic slalom hill (in Nordmarka).* 7. Norefjell *mountain 150 km. west of Oslo (nearest* høyfjellsstrøk *to Oslo).* 8. os (en) *mouth of a river (where it enters a lake).* 9. *read:* centimeter [sang'ti/me·ter] *centimeter.* 10. kjettinger (*pl.*) *chains.*

Lesestykke, tjuefemte lekse:

TO DIKT FRA KRIGEN

VI OVERLEVER ALT !

av Arnulf Øverland (1889–)

Vi eide ikke sverd !
Vi trodde mer på freden,
fornuften, arbeidsgleden,
på selve livets verd !
Vi trodde ikke drap og brand
i lengden gavnet noe land.
Vi trodde på en seier
for rettsinn og forstand.

Vi hadde ikke skjold.
Vi kjente ingen fare ;
vi hadde venner bare.
Da ble vi tatt med vold !
Det hendte plutselig en natt,
vi våknet og vårt land var tatt.
Vi hadde bare venner,
nu stod vi helt forlatt !

Små, spredte flokker stred
mot panserdivisjoner,
mot luftens legioner,
til de ble valset ned !
Hver bonde, hver arbeidergutt,
han vet, at blir hans vilje brutt,
har livet ingen mening.
Da er det hele slutt !

*sverd (et) *sword*

*fornuft (en) *reason* arbeidsglede (en) *joy of working* verd (et) *value, worth* drap (et) *killing* (*cf.* å drepe) brand (en) *fire* (*cf.* å brenne) lengde (en) *length*: i lengden *in the long run* *gavne (-et, -et) *profit* seier (en) *victory* rettsinn (et) *justice* forstand (en) *reason, understanding*

*skjold (et) *shield*

*vold (en) *violence, brutality*

nu = nå

*forlate (-lot, -latt) *desert*

*flokk (en) *group* spredt = spredd stred *past of* å stride *panserdivisjon (en) *panzer division* luft (en) *air* *legion (en) *legion, military force* *valse (-et, -et) *crush* arbeidergutt (en) *young worker* brutt *past participle of* å bryte

det hele *everything*

*For this poem words prefixed by an asterisk, in the side notes, occur only here, and do not appear in the vocabulary.

Til frihet er vi vant!
En mann kan bære lenker;
det han i taushet tenker,
blir ikke mindre sant!
Det har vi heller aldri sett,
at urett plutselig blir rett,
og politi forbyr oss
å bruke folkevett!

Vårt folk gir aldri tapt!
I nød blir hjertet prøvet,
og navnløs dåd blir øvet.
På ny blir samhold skapt.
I bygd og by, på øy og grend,
er hver mann nabo, frende, venn;
de gir hverandre hånden:
vi sees snart igjen.

Om mange av oss falt,
og flere følger efter,
så har vi indre krefter:
Vi overlever alt!
Vi har en hellig seierstro,
den gir oss tålsomhet og ro:
Vi vet at ånd er evig,
og liv vil alltid gro!

April 1940.

frihet (en) *freedom*
*lenke (en) *chain*
taushet (en) *silence*
urett (en) *wrong*
*politi (et) *police* *forby (-bød, -budt) *forbid*
folkevett (et) *common sense*
*tape (-te, -t) *lose*: gi tapt *give up*
nød (en) *need*
hjerte (et) *heart*
navnløs (*adj.*) *anonymous*
dåd (en) *deed*
øve (-et, -et) *accomplish*
på ny (*adv.*) *anew*
samhold (et) *unity*
skape (-te, -t) *create*
bygd (ei) *rural district*
*grend (ei) *rural settlement*
nabo (en) *neighbor*
*frende (en) *relative*
efter = etter
kraft (en) (*pl.* krefter) *power, strength*
*hellig (*adj.*) *holy* seierstro (en) *faith in victory*
*tålsomhet (en) *patience*
*ånd (en) *spirit, intellect*

17. MAI 1940

av Nordahl Grieg (1902–1943)

I dag står flaggstangen naken
blant Eidsvolls grønnende trær.
Men nettopp i denne timen
vet vi hva friheten er.
Det stiger en sang over landet,
seirende i sitt språk,
skjønt hvisket med lukkede leber,
under de fremmedes åk.

Det fødtes i oss en visshet:
Frihet og liv er ett,
så enkelt og så uunnværlig
som menneskets åndedrett.
Vi følte da trelldommen truet
at lungene gispet i nød
som i en sunken u-båt . . .
Vi vil ikke dø slik en død.

Verre enn brennende byer
er den krig som ingen kan se,
som legger et giftig slimslør
på bjerker og jord og sne.
Med angiverangst og terror
besmittet de våre hjem.
Vi hadde andre drømmer
og kan ikke glemme dem.

flaggstang (en) *flag pole*

Eidsvoll *town in Eastern Norway where the constitution was signed in 1814* grønne (-et, -et) *become green*

stige over *rise above*

lukket (*adj.*) *closed* *lebe (en) *lip*
*åk (et) *yoke*

*uunnværlig (*adj.*) *indispensable* *åndedrett (et) *breathing* *trelldom (en) *servitude, slavery* *true (-et, -et) *threaten* *gispe (-et, -et) *gasp* *sunken (*adj.*) *sunken* u-båt (en) *submarine* (= undervannsbåt)

*giftig (*adj.*) *poisonous* *slimslør (et) *veil of slime* bjerker = bjørker sne = snø
*angiverangst (en) *fear of betrayal* *terror (en) *terror* *besmitte (-et, -et) *infect* drøm (en) *dream*

*For this poem words prefixed by an asterisk, in the side notes, occur only here, and do not appear in the vocabulary.

grøde (en) *growth, produce*
*slit (et) *exertion* *ømhet (en) *tenderness*
svakhet (en) *weakness*
følge med tiden *keep up with the times*
bygde = bygget *tross (en) *spite*
hvis (*pron.*) *whose* *ruin (en) *ruin(s)* *håne (-te, -t) *scorn, mock*

Langsomt ble landet vårt eget
med grøde av hav og jord,
og slitet skapte en ømhet,
en svakhet for liv som gror.
Vi fulgte ikke med tiden,
vi bygde på fred, som i tross,
og de hvis dåd er ruiner
har grunn til å håne oss.

slåss *fight* (*reciprocal of* å slå)
*demre (-et, -et) *dawn*
forene (-te, -t) *unite*
befri (-et, -et) *liberate* *åndedrag (et) *breath*
skille (-te, -t) *separate* fra våre sydpå *from our dear ones in the south* *blek (*adj.*) *pale* utslitt (*adj.*) *worn out*
*løfte (et) *promise* (*cf.* å love)

Nå slåss vi for rett til å puste.
Vi vet det må demre en dag
da nordmenn forenes i samme
befriede åndedrag.
Vi skiltes fra våre sydpå,
fra bleke utslitte menn.
Til dere er gitt et løfte :
at vi skal komme igjen.

minnes (-te, -t) *remember, pay tribute to*
*soldat (en) *soldier*
sjømannen (en) *sailor*
hver fallen *each fallen man*

Her skal vi minnes de døde
som ga sitt liv for vår fred,
soldaten i blod i sneen,
sjømannen som gikk ned.
Vi er så få her i landet,
hver fallen er bror og venn.
Vi har de døde med oss
den dag vi kommer igjen.

Lest i radioen fra Nord-Norge 17. mai 1940

APPENDIX 1

To dikt på nynorsk (*cf. Grammar* 22.2)

NORSK KJÆRLEIKSSONG*

av Tor Jonsson (1916–1951)

Eg er grana, mørk og stur.
Du er bjørka, du er brur
under fager himmel.
Båe er vi norsk natur.

Eg er molda, djup og svart.
Du er såkorn, blankt og bjart.
Du ber alle voner.
Båe er vi det vi vart.

Eg er berg og naken li.
Du er tjørn med himmel i.
Båe er vi *landet*.
Evig, evig er du mi.

eg [e'g] = jeg mørk (*adj.*) *dark* stur (*adj.*) *solemn* brur (ei) = brud (en) *bride*

båe = begge

mold (ei) *earth, soi* djup [ju'p] = dyp
såkorn (et) *seed* (*cf.* å så *to sow*) blank (*adj.*) *shining, glistening* bjart (*adj.*) *bright* ber = bærer (*pres. of* å bera = å bære) †von (ei) *hope* vart = ble (*past of* å verta = å bli) berg (et) *rock*
li (ei) *mountain side*
tjørn (et) = tjern (et)

*kjærleik (en) = kjærlighet (en) song (en) = sang (en).

---

†*von* does not occur in Bokmål, in which *håp* (*cf. å håpe*) is used instead. All other words in this poem can be used in Bokmål except those which are equated with Bokmål words.

NB : In New Norwegian the present tense of strong verbs (those which form the past tense by means of vowel change) has no ending : *ber* = *bærer* from *å bera* = *å bære*.

ORD OVER GRIND

av Halldis Moren Vesaas (1907–)

inst (*adj.*) *innermost*

innanfor = innenfor
kvar = hver einsam = ensom (*adj.*) *lonely, lonesome*

Du går fram til mi inste grind
og eg går óg fram til di.
Innanfor den er kvar av oss einsam,
og det skal vi alltid bli.

trenge (-te, -t) *force*
lov (ei) *law*

anten = enten (*here*) *whether* møttest = møttes tidt (*adv.*) *often* sjeldan = sjelden tillit (ei) *trust*

Aldri trenge seg lenger fram,
var lova som gjaldt oss to.
Anten vi møttest tidt eller sjeldan
var møtet tillit og ro.

ikkje = ikke ein = en kjem = kommer (*pres. of* å koma = å komme) fell = faller (*pres. of* å falle) fell det meg [me'g] *it is for me*
å bu = å bo

Står du der ikkje ein dag eg kjem
fell det meg lett å snu
når eg har stått litt og sett mot huset
og tenkt på at der bur du.

veit = vet i blant (*adv.*) (*here*) *occasionally*
no = nå knasande = knasende (*verbal adj.*) *from* å knase *crackle*
heim (ein) = hjem (et) *home*

Så lenge eg veit du vil koma i blant
som no over knasande grus
og smile glad når du ser meg stå her,
skal eg ha ein heim i mitt hus.

NB : In New Norwegian the verbal adjective ending is -ande.

APPENDIX 2

Norwegian spelling

In Grammar **22.2** it was mentioned that the present form of Standard Norwegian (Bokmål) is the product of the gradual Norwegianization of the Danish written language which served as the official language of Norway for many centuries. By means of a series of spelling reforms the written form of Norwegian has come to approximate closely the spoken form of the language. The first of these official spelling reforms came in 1907, and was followed by new major reforms in 1917 and 1938. In 1959 minor adjustments were made in the 1938 spelling norm.

The following outline of differences between the successive spelling norms will provide the student with a guide to reading material printed in the various periods. As illustrative material, selections from novels by Sigrid Undset, Knut Hamsun and Alexander Kielland are used. Since each successive spelling norm has made allowances for considerable latitude in usage, the spelling of different authors at any one time has varied greatly. For this reason it is difficult to give exact rules for usage in the different periods, and only the main distinguishing orthographic features of each norm will be discussed.

Although the actual historical development was from Danish to modern Norwegian orthography, the presentation here will be in the reverse order, building on the student's knowledge of the modern spelling.

1. 1917–1938

The orthography of this period is distinguished from the modern norm in several important respects :

a) the object pronouns **meg, deg, seg** were spelled **mig, dig, sig** (but NB : **jeg**).

b) silent letters were written at the end of a number of words, principally past forms of strong verbs : **blev, slog** for **ble, slo.** Also **hvad** for **hva.**
c) **nn** and **ll** were written **nd** and **ld** in some words, most notably the modal verb forms **kunde, vilde, skulde** for **kunne, ville, skulle.**
d) final single consonants were written for final double consonants in some words : **op** for **opp.**
e) **æ** was written for **e** in a number of words : **næsten, sæter** for **nesten, seter.**
f) the diphthong **øy** was written **øi : bøie** for **bøye.**
g) many adverbial phrases now written in two or more words were written as single words : **idag, iallfall** for **i dag, i all fall.**
h) a number of individual words were spelled differently : **efter** for **etter, nu** for **nå, noget** for **noe, nogen** for **noen, været** for **vært, mellem** for **mellom, gjennem** for **gjennom.**

The characteristics of the orthographic norm of this period are illustrated by the following reading passage :

Fra

'KRISTIN LAVRANSDATTER'

av Sigrid Undset (1882–1949)

Da barnet Kristin var syv år gammel, hendte det en gang at hun skulde få følge med sin far op på sæteren deres.

Det var en vakker morgen litt frem på sommeren, Kristin stod i loftet, der de sov nu sommertiden ; hun så solen skinte ute, og hun hørte sin far og mennene snakke nede i tunet — da gledet hun sig slik at hun ikke kunde stå stille mens moren klædde på henne, men hoppet og sprang mellem hvert plagg som blev trukket på henne. Hun hadde aldri før været oppe på fjellene, men bare over åsen til Vågå når hun fikk være med og gjeste sine morsfrender på Sundbu, og så i de nærmeste skogene med moren og husfolkene, når de gikk ut og plukket bær.

Moren viklet op Kristins lange, gule hår og bandt det inn i den gamle, blå luen hennes, kysset så datteren på kinnet, og Kristin sprang ned til sin far. Lavrans satt i sadlen allerede ; han løftet henne op bak sig, hvor han hadde lagt sammen sin kappe som en pute på hestens lend. Der fikk Kristin sitte overskrevs og holde i hans belte. Så ropte de levvel til moren, men hun kom løpende ned fra svalen med Kristins hettekåpe, gav den til Lavrans og bad ham vokte barnet vel.

Solen skinte, men det hadde regnet sterkt om natten, så bekkene sprutet og sang alle steder nedover liene, og skoddedottene drev under fjellsidene. Lavrans og mennene hans snakket om at det blev nok en het dag når

skulde = skulle
få følge med *be allowed to accompany* op = opp
sæter = seter
frem = fram litt frem på sommeren *early in the summer* loft (et) *attic, upper floor in old farm buildings* nu = nå
sommertiden (*adv.*) *in the summer* skinne (-te, t) *shine* tun (et) *enclosed yard between the farm buildings* sig = seg
kunde = kunne klædde = kledde (*past of* å kle)
mellem = mellom plagg (et) *garment* blev = ble
trekke (trakk, trukket) *pull, draw* været = vært ås (en) *ridge*

gjeste (-et, -et) *visit* morsfrende (en) *mother's relative*

husfolk (*pl.*) *servants* plukke (-et, -et) *pick* bær (et) *berry* vikle (-et, -et) opp *roll up* gul (*adj.*) *yellow*

kysse (-et, -et) *kiss*

sadel (en) *saddle* løfte (-et, -et) *lift* op = opp
legge sammen *fold* kappe (en) *cloak*
pute (en) *pillow* lend (en) *loin* overskrevs (*adv.*) *astride*
belte (et) *belt* levvel (*excl.*) *goodbye* (*lit. live well*)
sval (en) *enclosed porch*
hettekåpe (en) *hooded cape* gav = ga
vokte (-et, -et) *guard*

sterkt (*adv.*) (*here*) *hard*

sprute (-et, -et) *splatter*

skoddedott (en) *puff of low-flying cloud* drive (drev, drevet) (*here*) *drift*
fjellside (en) *mountain side*
blev = ble

det led utpå. Lavrans hadde fire svenner med sig, og de var alle vel væbnede, for der lå på denne tid mange slags underlige folk inne i fjellet — enda de var så mange og de skulde så kort innpå, at det var urimelig de skulde fornemme noget slikt. Kristin var glad i alle svennene; de tre var noget eldre menn, men den fjerde, Arne Gyrdssøn fra Finsbrekken, var en halvvoksen gutt, og han var Kristins beste venn; han red nærmest efter Lavrans og henne, for det var han som skulde si henne fra om alt de så efter veien.

På bakken ovenfor prestegården lå kirken, den var ikke stor, men fin, vakker og velholdt. Ved korset utenfor kirkegårdsgrinden strøk Lavrans og hans menn hattene av og bøide hodene; så snudde faren sig i sadlen, og han og Kristin vinket ned til moren som de kunde se ute på vollen foran gården hjemme.

Her på kirkebakken og i kirkegården pleide Kristin å leke næsten hver dag; men idag hun skulde ut og fare så langt, syntes barnet at det kjente syn av hjemmet og bygden var helt nytt og merkelig. Husklyngene på Jørundgård var liksom blitt mindre og gråere, der de lå nede på flaten. Elven vandt sig blank utover, og dalen vidde sig med de brede, grønne voller og myrer i bunnen, og gårder med åker og eng opefter liene under de grå og stupbratte fjellsider.

når det led utpå *later in the day* svenn (en) *hired man, swain* væbnet = væpnet (*adj.*) *armed*

så kort innpå *such a short way into* (*the mountains*) fornemme (-et, -et) *experience* noget = noe

halvvoksen (*adj.*) *half-grown, adolescent* ride (red, ridd) *ride* efter = etter (*prep.*) (*here*) *behind* skulde = skulle si fra om *tell about* efter veien *along the way* prestegård (en) *parsonage* velholdt (*adj.*) *well cared for* kors (et) *cross* kirkegårdsgrind (en) *cemetery gate* stryke (strøk, strøket) *stroke, sweep* bøide = bøyde: *past of* å bøye *to bend*: bøye hodet *bow one's head* sadel (en) *saddle* vinke (-et, -et) *wave* voll (en) *meadow, open field* kirkebakke (en) *hill on which a church stands* kirkegård (en) *cemetery* næsten = nesten idag = i dag fare (fór, faret) *travel* syn (et) *sight* hjem (et) *home* husklynge (en) *clump of buildings* Jørundgård *name of Lavrans' farm* var blitt = hadde blitt flate (en) *plain, level ground* elv (en) *river* vinde (vandt, vundet) *wind* blank (*adj.*) *shining, glistening* vide (-de, -d) seg *widen out* myr (en) *marsh* bunn (en) *bottom* opefter = oppetter (*prep.*) *up along* stupbratt (*adj.*) *precipitous*

(*The orthography of the above reading passage is that used in the collected works of Sigrid Undset.*)

2. 1907–1917

The orthography of this period exhibits all the features of the period 1917–1938, plus a number of others. In particular, it extends features **c**), **d**) and **e**) of the orthography of that period to many more words : **mand** (*pl.* **mænd**) for **mann** (*pl.* **menn**), **fjæld** for **fjell, sæk** for **sekk** (but **sækken,** since with the article attached the pronounced double consonant no longer stands in final position), **bæk** for **bekk,** etc. Study the occurrence of these features in the following reading passage carefully.

Another important distinguishing characteristic of the orthography of this period is that the definite plural ending of many nouns is **-erne** instead of **-ene : nætterne** for **nettene** (singular indefinite **nat** for **natt**), **bygderne** for **bygdene, hænderne** for **hendene.**

The following reading passage illustrates the orthography of this period :

Fra 'MARKENS* GRØDE'

av Knut Hamsun (1859–1952)

Den lange, lange sti over myrene og ind i skogene hvem har tråkket op den? Manden, mennesket, den første som var her. Det var ingen sti før ham. Siden fulgte et og andet dyr de svake spor over moer og myrer og gjorde dem tydeligere, og siden igjen begyndte en og anden lap å snuse stien op

myr (en) *marsh* ind = inn
op = opp mand (en) = mann

andet = annet
spor (et) *track* mo (en) *moor*
tydelig (*adj.*) *clear*
begynde = begynne
anden = annen lap = lapp (en) *Lapp* snuse (-te, -t) opp *sniff out, trace*

* mark (en) *soil, earth*

og gå den når han skulde fra fjæld til fjæld og se til sin ren. Slik blev stien til gjennem den store almenning som ingen eiet, det herreløse land.

fjæld = fjell se til *look after* ren = rein (en) *reindeer* bli til *come into being* gjennem = gjennom almenning (en) *public land* eiet = eide : *past of* å eie herreløs (*adj.*) *masterless, unowned*

Manden kommer gående mot nord. Han bærer en sæk, den første sæk, den indeholder niste og nogen redskaper. Manden er stærk og grov, han har rødt jærnskjegg og små ar i ansigtet og på hænderne — har han fåt dem i arbeide eller i strid? Han er kanske kommet fra straf og vil skjule sig, han er kanske filosof og søker fred, men ialfald så kommer han der, et menneske midt i denne uhyre ensomhet. Han går og går, det er stilt for fugler og dyr omkring ham, stundom taler han et eller andet ord med sig selv: Åja Herregud! sier han. Når han kommer over myrene og til venlige steder med en åpen slette i skogen sætter han sækken ned og begynder å vandre omkring og undersøke forholdene, efter en stund kommer han tilbake, tar sækken på ryggen og går igjen. Det varer hele dagen, han ser på solen hvad det lider, det blir nat og han kaster sig på sin arm i lyngen.

mand = mann sæk = sekk (en) *sack* indeholde = inneholde *contain* nogen = noen redskap (et) *tool* stærk = sterk grov (*adj.*) *coarse* jærnskjegg (= jern-) (et) '*iron*' *beard* ar = arr (et) *scar* ansigt = ansikt hænderne = hendene fåt = fått strid (en) *strife, battle* kanske = kanskje straf = straff (en) *punishment* skjule (-te, -t) *hide* sig = seg filosof (en) *philosopher* søke (-te, -t) *seek* ialfald = i all fall uhyre (*adj.*) *vast* ensomhet (en) *loneliness* stilt for *free of, undisturbed by* fugl (en) *bird* stundom (*adv.*) *sometimes* andet = annet sig = seg Herregud (en) *Lord* myr (en) *marsh* venlig = vennlig (*adj.*) *friendly* slette (en) *plain* sætte = sette begynde = begynne vandre (-et, -et) *wander* forhold (et) *condition, circumstance* efter = etter sækken = sekken hvad = hva : hvad det lider *what time it is* nat = natt kaste (-et, -et) *throw*

Om nogen timer går han igjen, åja Herregud! går igjen ret mot nord, ser på solen hvad det lider, holder måltid på en leiv flatbrød og gjeitost, drikker vand i en bæk og fortsætter sin gang. Også denne dag

nogen = noen ret = rett holde måltid *eat* leiv (en) *slice, piece* (*of bread*) gjeitost = geitost vand = vann bæk = bekk fortsætte = fortsette gang (en) (*here*) *course, walking* gå med til *be spent on* vandring (en) *wandering* venlig = vennlig (*adj.*) *friendly* efter = etter kanske = kanskje utvandrer (en) *emigrant* bygderne = bygdene øine = øyne : ha øynene med seg *be alert* speide (-et, -et) *scout, be on the lookout* stundom (*adv.*) *sometimes* haug (en) *hill* nu = nå synke (sank, sunket) *sink*

går med til hans vandring, for han må undersøke så mange venlige steder i skogen. Hva går han efter?

Efter land, efter jord? Han er kanske en utvandrer fra bygderne, han har øinene med sig og speider, stundom stiger han op på en haug og speider. Nu synker solen igjen.

This is the orthography in which the collected works of Knut Hamsun are printed, but it differs in several respects from the official spelling norm in the period 1907–1917, and from Hamsun's own spelling. In addition to all the features illustrated by this passage, the official orthography of this period employed the letter combination **aa** for the letter **å** and **at** was used in place of the infinitive marker **å.** In addition, Hamsun capitalized all nouns in the first edition of this book (published in 1917), a spelling feature which he preserved from the pre-1907 orthography (*cf.* below). Lines 21–29 of this selection are presented here in Hamsun's original spelling (the official spelling of the period 1907–1917 plus the capitalization of nouns):

(Original spelling)

Han gaar og gaar, det er stilt for Fugler og Dyr omkring ham, stundom taler han et eller andet Ord med sig selv: Aaja Herregud! sier han. Naar han kommer over Myrene og til venlige Steder med en aapen Slette i Skogen sætter han Sækken ned og begynder at vandre omkring og undersøke Forholdene, efter en Stund kommer han tilbake, tar Sækken paa Ryggen og gaar igjen.

(Spelling in the collected works)

Han går og går, det er stilt for fugler og dyr omkring ham, stundom taler han et eller andet ord med sig selv: Åja Herregud! sier han. Når han kommer over myrene og til venlige steder med en åpen slette i skogen sætter han sækken ned og begynder å vandre omkring og undersøke forholdene, efter en stund kommer han tilbake, tar sækken på ryggen og går igjen.

3. Pre-1907

The spelling of Norwegian before 1907 was essentially identical with Danish spelling. In addition to all the features discussed and illustrated so far :

a) single **p, t, k** between vowels and at the end of a word following a vowel were spelled **b, d, g : Skib** for **skip, uden** for **uten, syg** for **syk.** (Double **p, t, k** were still spelled single when they occurred at the end of a word : **sit** for **sitt, slet** for **slett,** etc.)
b) all nouns were capitalized.
c) the present *plural* forms of verbs had no ending : **Sjøer komme, Øine følge.** The present singular forms of verbs still ended in **-r : Havet synger, hver tænker.**
d) some nouns ended in **-e** in the indefinite plural instead of **-er : Sange** for **sanger.**
e) various other words were spelled differently : **af** for **av, Plads** for **plass.**
f) the et-noun form of adjectives ending in **-ig** added the ending **-t : rummeligt** for **rommelig, taalmodigt** for **tålmodig.**

The following passage illustrates the pre-1907 orthography :

Fra

'GARMAN OG WORSE'

av Alexander L. Kielland (1849–1906)

Intet er saa rummeligt som Havet, intet saa taalmodigt. Paa sin brede Ryg bærer det lig en godslig Elefant de smaa Puslinger, der bebo Jorden ; og i sit store kjølige Dyb eier

rummelig = rommelig (*adj.*) *spacious* taalmodig = tålmodig (*adj.*) *patient* Ryg = rygg lig = lik (*adj.*) *like* godslig (*adj.*) *good-humored* elefant (en) *elephant* pusling (en) *dwarf* der = (*here*) som bebo (-dde, -dd) *inhabit* Dyb = dyp (et) *depths*

Plads = plass al = all jammer (en) *misery* sandt = sant troløs (*adj.*) *faithless* thi [ti'] (*conj.*) *for, because* aldrig = aldri noget = noe krav (et) *demand* uden = uten forpliktelse (en) *obligation* frit = fritt uforfalsket (*adj.*) *untainted* banke (-et, -et) *beat* sidst = sist sund = sunn syg = syk

det Plads for al Verdens Jammer. Det er ikke sandt, at Havet er troløst; thi det har aldrig lovet noget; uden Krav, uden Forpligtelse, frit, rent og uforfalsket banker det store Hjerte — det sidste sunde i den syge Verden.

stirre = stirrer udover = utover Sange = sanger slet = slett Maade = måte særskilt (*adj.*) *special, separate* hver især *each person separately* stille (-te, -t) seg *place oneself* Ansigt = ansikt

Og mens Puslingerne stirre udover, synger Havet sine gamle Sange. Mange forstaar det slet ikke; men aldrig forstaar to det paa samme Maade. Thi Havet har et særskilt Ord til hver især, som stiller sig Ansigt til Ansigt med det.

blank (*adj.*) *shining, glistening* bølge (en) *wave* barbent (*adj.*) *bare-footed* fange (-et, -et) *catch* krabbe (en) *crab* bryde = bryte dønning (en) *swell* skib = skip salt (*adj.*) *salt*

Det smiler med blanke, grønne Smaabølger til de barbente Unger, som fange Krabber; det bryder i blaa Dønninger mod Skibet og sender den friske, salte Skumsprøite langt ind over Dækket ; tunge, graa Sjøer komme væltende mod Stranden, og mens trætte Øine følge de lange, hvidgraa Brændinger, skylle Skumstriberne i blanke Buer henover den glatte Sand. Og i den dumpe Lyd, naar Bølgen falder sammen for sidste Gang, er der noget af en hemmelig Forstaaelse ; hver tænker paa sit og nikker udover — som var Havet en Ven, der ved det hele og gjemmer det trofast.

skumsprøyt (et) *spray* ind = inn Dæk = dekk (et) *deck* komme = kommer vælte = velte (-et, -et) *tumble* strand (en) *shore* træt = trett Øine = øyne hvidgraa = hvitgrå Brænding = brenning (en) *breaker* skylle (-et, -et) *wash* Skumstribe = skumstripe (en) *streak of foam* bue (en) *bow* glatt (*adj.*) *smooth* dump (*adj.*) *dull* falde = falle sidst = sist noget = noe af = av hemmelig (*adj.*) *secret* forståelse (en) *understanding* tenke på sitt *think about one's own affairs* nikke (-et, -et) *nod* som var Havet = som om havet var Ven = venn ved = vet gjemme (-te, -t) *hide, keep* trofast (*adv.*) *faithfully*

For the purpose of direct comparison the first two paragraphs of this passage in both the original and modern spelling is given here :

Intet er saa rummeligt som Havet, intet saa taalmodigt. Paa sin brede Ryg bærer det lig en godslig Elefant de smaa Puslinger, der bebo Jorden ; og i sit store kjølige Dyb eier det Plads for al Verdens Jammer. Det er ikke sandt, at Havet er troløst ; thi det har aldrig lovet noget : uden Krav, uden Forpligtelse, frit, rent og uforfalsket banker det store Hjerte — det sidste sunde i den syge Verden.

Og mens Puslingerne stirre udover, synger Havet sine gamle

Intet er så rommelig som havet, intet så tålmodig. På sin brede rygg bærer det lik en godslig elefant de små puslinger som bebor jorden ; og i sitt store kjølige dyp eier det plass for all verdens jammer. Det er ikke sant, at havet er troløst ; for det har aldri lovet noe : uten krav, uten forpliktelse, fritt, rent og uforfalsket banker det store hjerte — det siste sunne i den syke verden.

Og mens puslingene stirrer utover, synger havet sine gamle

Sange. Mange forstaar det slet ikke ; men aldrig forstaar to det paa samme Maade. Thi Havet har et særskilt Ord til hver især, som stiller sig Ansigt til Ansigt med det.

sanger. Mange forstår det slett ikke ; men aldri forstår to det på samme måte. For havet har et særskilt ord til hver i sær, som stiller seg ansikt til ansikt med det.

The orthography which Henrik Ibsen used when he wrote was essentially the standard pre-1907 orthography, except that he did not capitalize nouns, and he used the letter **å.** As an example of his spelling, a section of the scene from *Kongsemnerne* (lines 161–189, Lesestykket, tjuetredje lekse) is given here in both Ibsen's original spelling and in modern spelling. (NB : Ibsen used the archaic formal pronoun **I — eder** instead of the modern formal pronoun **De — Dem.**)

KONG SKULE Var min datter en søn, så spurgte jeg ikke dig hvad gave jeg trængte. Jeg *må* have nogen om mig, som lyder mig uden vilje selv — som tror usvigelig på mig, som vil holde sig inderst til mig i godt og ondt, som kun lever for at lyse og varme over mit liv, som må dø, om jeg falder. Giv mig et råd, Jatgejr skald !

JATGEJR Køb eder en hund, herre.

KONG SKULE Skulde ikke et menneske strække til ?

JATGEJR Sligt menneske måtte I lede længe efter.

KONG SKULE Var min datter en sønn, så spurte jeg ikke deg hva gave jeg trengte. Jeg *må* ha noen om meg som lyder meg uten vilje selv — som tror usvikelig på meg, som vil holde seg innerst til meg i godt og ondt, som bare lever for å lyse og varme over mitt liv, som må dø, om jeg faller. Gi meg et råd, Jatgeir skald !

JATGEIR Kjøp Dem en hund, herre.

KONG SKULE Skulle ikke et menneske strekke til ?

JATGEIR Slikt menneske måtte De lete lenge etter.

KONG SKULE (pludselig) Vil *du* være det for mig, Jatgejr? Vil *du* være mig en søn? Du skal få Norges krone i arv — du skal få land og rige, hvis du vil være mig en søn, leve for mit livsværk og tro på mig!

JATGEJR Og hva sikkerhed skulde jeg stille for, at jeg ikke hyklede —?

KONG SKULE Slip dit kald i livet; digt aldrig mere, så vil jeg tro dig!

JATGEJR Nej, herre — det var at købe kronen for dyrt.

KONG SKULE Tænk dig om! Det er mere at være konge end at være skald!

JATGEJR Ikke altid.

KONG SKULE (plutselig) Vil *du* være det for meg, Jatgeir? Vil *du* være meg en sønn? Du skal få Norges krone i arv — du skal få land og rike hvis du vil være meg en sønn, leve for mitt livsverk og tro på meg!

JATGEIR Og hva sikkerhet skulle jeg stille for at jeg ikke hyklet —?

KONG SKULE Slipp ditt kall i livet; dikt aldri mere, så vil jeg tro deg!

JATGEIR Nei, herre — det var å kjøpe kronen for dyrt.

KONG SKULE Tenk deg om! Det er mere å være konge enn å være skald!

JATGEIR Ikke alltid.

ABOUT THE AUTHORS

Lesson 11, Lesson 21

Johan Borgen is the author of many short stories, novels, plays, sketches and essays. The two fables presented in Lesson 11 were first published in 1946 and deal allegorically with the German invasion and occupation of Norway during the Second World War (1940–1945; see also Lesson 25).

Lessons 12, 13, 14

Arthur Omre is primarily a short-story writer, but has also written several novels. Among the best of his short stories are a number dealing with animals, represented here by *Hunden.*

Lesson 15

Peter Christen Asbjørnsen was the principal collector of Norwegian folk tales. During the 1830's and 1840's he travelled extensively in Norway, writing down tales he was told by people in all parts of the country. He was a gifted stylist, and the written form into which he put the tales he heard had great influence on later Norwegian writers and became one of the cornerstones of modern Norwegian literary style (see also the discussion in Grammar 22.2).

Lessons 16, 17, 18, Lesson 22

Sigurd Hoel was one of the leading exponents of the psychological novel in modern Norwegian literature. He brought to his writing not only a great talent for observing the workings of the human personality, but also great stylistic sensitivity. Few Norwegian authors have been able to transfer the patterns of Norwegian spoken style to the page as accurately as he.

Lessons 19, 20

Sigurd Evensmo, in addition to his literary production including both short stories and novels, has distinguished himself as journalist, literary critic and film critic. He describes especially well the forces at work in society and the human personality that tend to prevent people from understanding and communicating with each other.

Lesson 23

Henrik Ibsen, the world-famous playwright who revolutionized dramatic technique and opened up the stage as a forum for the discussion of social problems, was in his early years primarily interested in historical drama. He often used his historical subject matter, however, to cast light on psychological problems, as illustrated by the selection from *Kongsemnerne.*

Lesson 25

Arnulf Øverland, a leading cultural figure in Norway before the outbreak of the Second World War, became through his poems written during the German occupation the spiritual leader of the Norwegian resistance movement. For this he was sent to a concentration camp but in 1946, after the liberation, he was honored by the Norwegian government by being assigned a permanent residence on the palace grounds in Oslo.

Nordahl Grieg, one of the leading young radical writers of the 1930's in Norway, left behind him an impressive collection of poems, novels, essays and plays. He was one of the members of the Norwegian Home Guard who participated in the daring evacuation of the Norwegian government and gold reserves in 1940. He spent the war years in England and died in a bombing raid over Berlin in 1943.

Appendix I

Tor Jonsson, before his tragically untimely death at the age of 35, was one of the most talented and promising of modern writers in the New Norwegian language. He was primarily a poet, but also distinguished himself as an essayist. In everything he wrote he revealed himself as a sensitive, lyrical, but also tormented personality.

Halldis Moren Vesaas, both daughter and wife of outstanding New Norwegian authors, is herself one of the finest of contemporary Norwegian poets. She has also an important production as essayist, translator and author of children's books.

Appendix II

Sigrid Undset was the daughter of an archeologist and had herself a great interest in history and archeology. This interest resulted in her series of novels of medieval life in Norway, of which *Kristin Lavransdatter* is the best known. In addition to her writings about the medieval period, she also wrote many novels and short stories dealing with the moral and social problems of modern life. She received the Nobel Prize in literature in 1928.

Knut Hamsun published his first novel in 1889, his last in 1949, and was one of the outstanding Norwegian writers of both centuries. He made his most important contribution to Norwegian literature with his many novels, but also wrote a great number of short stories and poems, and several plays. He is one of the greatest stylists in Norwegian literature, and was awarded the Nobel Prize in literature in 1920.

Alexander Kielland was a member of the old aristocracy and mayor of the city of Stavanger on the southwest coast of Norway. He sympathized deeply, however, with all who were less fortunately situated in life and in his novels and stories took up for discussion problems of social injustice and inequality. The locus of most of his writing is the city of Stavanger and the surrounding coastal region.

VOCABULARY

All numbers in this end vocabulary refer to—SPOKEN NORWEGIAN, REVISED by Einar Haugen and Kenneth G. Chapman. For specific information concerning these numbers please see the following:

The first occurrence of each word is shown by the number following the definitions:

9.31 = Lesson 9, Basic sentence 31.
LL 9 = Lesson 9, La oss lytte.
R23 = Reading selection accompanying Lesson 23.
13.10(R11) = First in Reading selection to Lesson 11, later in Lesson 13, Basic sentence 10.

Grammar references are to numbers of grammatical sections.

The letters **æ, ø, å** are listed at the end of the alphabet in that order.

The system used for showing the pronunciation is the same as that used in previous parts of the book. For an explanation see Pronunciation 1.1 ff. When pronunciations are included, they follow the word immediately in square brackets. They are omitted, however, whenever the pronunciation is identical with the regular spelling. For all words which are left unmarked it is assumed that:

(1) The stress is on the first syllable only.

(2) The stressed syllable has Tone 1 in monosyllables, Tone 2 in polysyllables.

(3) The stressed vowel is long if it is final or followed by one consonant, short if followed by more than one consonant.

(4) **au** is always [æu] and **ei** is [æi]; **nk** is [ngk], as in English.

A

absolutt [apsolutt´] *adv.* absolutely 11.31
adresselapp [adres´se/lapp·] (en) address card 17.37
aerogram [aerogramm´] (et) aerogram 17.30
aften [af`t^{e}n] (en) evening 1.4
  aftens (en) supper
  varm aftens dinner (in the evening) 9.6
akademi [akademi´] (et) academy, scientific society R22
akk ah, oh R17
akkurat [akkura´t] *adv.* exactly 5.14
akt (en) act 23.32
aldeles [alde´les] *adv.* completely, absolutely 9.39
aldri *adv.* never 10.29
alene [ale`ne] *adj.* alone R18
all, alt, alle *adj.* all 4.2
  i alt in all 12.9
  alt, alt sammen everything 7.37, 5.23
allerede [alere`de] *adv.* already 25.3 (R22)
allikevel [ali`ke/vell·] *adv.* anyway, just the same 14.25
alltid [all´ti(d)] *adv.* always 6.18
allting [all´/ting·] *pron.* everything R21
alminnelig [almin´(d)eli] *adj.* common 21.37
alt *adj. cf.* **all**
alt *adv.* already 8.37
altfor [al´tfår] *adv.* much too 2.36
altså [al´tså] *adv.* so, thus 23.16 (R12)
alvor [all`/vå·r] (et) earnestness, seriousness R22
  for alvor in earnest
alvorlig [alvå´rli] *adj.* serious 16.13
  alvorlig *adv.* seriously R14
Amerika [ame´rika] America 2.2
amerikaner [am^{e}rika´ner] (en) American 2.1
amerikansk [am^{e}rika´nsk] *adj.* American 3.8
anbefale [an´/befa·le] (-te, -t) recommend 2.32
ane (-te, -t) have an idea, suspect 21.22
annen [a`en], **annet** [a`ent], **andre** other 10.7, second 2 (*cf. Gram.* 11.1)
  en eller annen one or another R18
  ikke annet enn nothing but, only 12.25
  mye annet a lot of other things 21.26
  noe annet anything, something else 7.28
  andres other people's R23
annerledes [an`der/le·des] *adj.* different 11.12
annonse [anång´se] (en) advertisement 23.3
anorakk [anorakk´] (en) parka 24.25
ansikt [an`sikt] (et) face R13
anstrengende [an´/streng·ene] *adj.* strenuous 16.36
apotek [apote´k] (et) pharmacy 16.38
april [apri´l] April 10
arbeid [ar`bæi] (et) work 3.20 also **arbeide** [ar`bæide] (et) R17
arbeide [arbæi´de] (-et, -et) work 3.23
arbeidergutt [arbæi´der/gutt·] (en) young worker R25[1]
arbeidsglede [ar`bæis/gle·de] (en) joy in working R25[1]
arm (en) arm R20
armbåndsur [ar`mbåns/u·r] (et) wrist watch R16
arrangere [arangsje´re] (-te, -t) arrange 24.38
at [att´] *conj.* that 8.22
att (*New Norwegian*) = **igjen** again LL23
atten [at`t^{e}n] *num.* eighteen 7.30
attende [at`t^{e}ne] *ord.* eighteenth 18
au [æu] *interj.* ouch, hey 14.37
august [æugus´t] August 10.10
aula [æu´la] (en) auditorium 22.15
aust *cf.* **øst**
austside [æu`st/si·de] (en) east side R24
av [a´] *prep.* of, by, from 2.7
  av sted away 13.18
  dra av sted to leave 13.18
  ha godt av to benefit from 5.31
  høre av to hear from R11[1]
  ved siden av beside 4.25
av [a´] *adv.* off 11.10
  av og til occasionally, now and then R12
  fra barnsben av from early childhood on 24.10
  gå av to get off 12.15
avgang [a`v/gang·] (en) departure 20.10
avgangsklasse [a`vgangs/klas·se] (en) graduating class 25.36
avis [avi´s] (en) newspaper 3.23
avslutte [a´v/slut·te] (-et, -et) end R22

B

bad (et) bath, bathroom 4.24
bade (-et, -et) go swimming, bathe 10.14
badedrakt [ba`de/drak·t] (en) bathing suit R19
bagasje [baga´sje] (en) baggage 13.1
bak *adv.* back R22
bak *prep.* in back of R14
bake (-te, -t) bake 24.11 (R17)
bakeri [bakeri´] (et) bakery 18.23
bakerst [ba´kerst] *adv.* farthest back R21

bakke (en) hill 19.33 (R15)
  i bakken on the hill
balkong [balkång'] (en) balcony 23.22
balkongplass [balkång'/plass] seat in the balcony
bandt *cf.* **binde**
bane (en) railroad, railroad or streetcar line 19.8
bank (en) bank 17.4
bar *cf.* **bære**
barbere [barbe're] (-te, -t) shave 8.12
barberer [barbe'rer] (en) barber 8.22
barberhøvel [barbe'r/høv'el) (en) safety razor 8.14
barbermaskin [barbe'r/masji'n] (en) electric razor 8.13
barbersalong [barbe'r/salång'] (en) barber shop 8.19
bare *adv.* just, only 1.6
barn [ba'rn] (et) child 20.9 (R13)
barnesykdom [ba'rne/syk'dåm] (et) childhood disease 16.30
barnetog [ba'rne/tå'g] (et) children's parade 25.24
barneår [ba'rne/å'r] *pl.* childhood years R20
barnsben [ba'rns/be'n] *pl.*: **fra barnsben av** from early childhood on 24.32
barnslig [ba'rnsli] *adj.* childish R22
be (bad, bedt) [ba', bett'] ask, invite 8.1
  be med ask to come along 23
  be ut invite out 8.1
bedre [be'dre] *comp. adj. and adv.* better 7.34 (*cf. Gram.* 10.2)
bedt *cf.* **be**
befri [befri'] (-et, -et) liberate R25[2]
begeistret [begæi'stret] *adj.* enthusiastic 19.39
  begeistret for enthusiastic about 19.39
begge *adj.* both 12.37 (*cf. Gram.* 12.2)
  begge deler both 17.29
begivenhet [beji'ven/he't] (en) event 24.24
begrave [begra've] (-et, -et) bury 20.24
begynne [bejyn'ne, by'ne] (-te, -t) begin 3.32
  begynne med begin with 5.25
  til å begynne med to begin with, in the beginning 16.24
behagelig [beha'geli] *adj.* comfortable, pleasant (feeling) R16
behagelighet [beha'geli/he't] (en) comfort R18
behøve [behø've] (-de, -d) need R20
bein *cf.* **ben**
bekk (en) brook R24
bekomme *cf.* **vel bekomme**
beløp [belø'p] (et) amount 17.15
ben (et) also **bein** leg, foot; bone 10.32
benk (en) bench 21.24
benkerekke [beng'ke/rek'ke] (en) row of benches R17
bensin [bensi'n] (en) gasoline 14.4
  fylle bensin på tanken fill the tank 14.4
bensinstasjon [bensi'n/stasjo'n] (en) gas station 14.6
Bergensbanen [bær'gens/ba'nen] the railroad from Bergen to Oslo 12.10
bergenser [bærgen'ser] (en) inhabitant of Bergen 10.4
berømt [berøm't] *adj.* famous 22.16
Besserudtjernet [bes'seru/kjæ'rne] the lake at Besserud 24
best *sup. adj. and adv.* best 6.11
bestemt [bestem't] *adj.* definite 21.17
bestikk [bestikk'] (et) eating utensils 18.19
bestille [bestil'le] (-te, -t) order, reserve 9.13
  bestille time make an appointment 16.2
bestå (besto, bestått) [bestå', besto', bestått']
  bestå av, bestå i consist of 22.5 (R18)
bet *cf.* **bite**
betale [beta'le] (-te, -t) pay 13.14
betre *(New Norwegian)* = **bedre** LL22
bety [bety'] (-dde, -dd) mean, signify 11.29 (*cf. Gram.* 11.2)
bevart [beva'rt] *adj.* preserved 20.22
bibliotek [bibliote'k] (et) library 22.17
bikkje (ei) dog R14
bil (en) car; taxi 4.9
bilde (et) picture 6.25
bile (-te, -t) drive (a car) 12.31
billett [bilett'] (en) ticket 20.28 (R14)
billettluke [bilett'/lu'ke] (en) ticket window 11.17
billettselger [bilett'/sel'ger] (en) ticket seller 20.28
billig [bil'li] *adj.* cheap 4.32
bilmekaniker [bi'l/meka'niker] (en) automobile mechanic 14.34
bilulykke [bi'l/ulyk'ke] (en) automobile accident 14.24
binde (bandt, bundet) [bin'ne, ban't, bun'net] tie R15
bite (bet, bitt) bite R11
  bite i bite R21
bjørk (ei) *also* **bjerk** [bjær'k] birch 12.25
bjørn [bjø'rn] (en) bear R12
Bjørnsjø [bjø'rn/sjø'] (en) "Bear Lake", lake in Nordmarka 19.24
blad [bla'] (et) leaf R11[2]

blant *adv.* among 12.26
i blant among, in between 12.26; occasionally R Appendix 1[2].
ble *cf.* **bli**
blekk (et) ink 6.13
[1]**bli (ble, blitt)** stay, remain 2.34
bli med come along 4.15
bli ved continue R23
[2]**bli (ble, blitt)** become, be (with passive); will be 1.42
bli borte disappear, go away R11[2]
bli igjen remain, be left R11[2]
bli kvitt get rid of 16.13
er blitt has, have been 16.31; has, have become LL15
blikk (et) glance, look R17
blod [blo´] (et) blood R20
blodtrykk [blo`/trykk˙] (et) blood pressure 16.28
blomst [blåm´st] (en) flower 12.26 (R11[2])
blomsterbed [blåm`ster/be˙d] (et) flower bed R11[2]
blond [blånn´] *adj.* blonde R12
bly (et) lead (metal) 13.7
blyant [bly´ant] (en) pencil 6.14
blå (-tt, --) blue 7.13
blåpapir [blå`/papi˙r] (et) carbon paper R22
bo (-dde, -dd) live, dwell 2.29
bo på et hotell live at a hotel LL2
bok (ei) *pl.* **bøker** [bø´ker] book 3.25
bokhandel [bo`k/han˙del] (en) bookstore R17, LL17
bokmål [bo`k/må˙l] (et) Standard Norwegian, Dano-Norwegian 22.36
bonde [bon`ne] (en) *pl.* **bønder** [bøn´ner] farmer 15.0
bondestue [bon´ne/stu˙e] (en) farm house 20.36
bord [bo´r] (et) table 4.17
bort *adv.* away (motion) 17 (*cf. Gram.* 8.2)
gå bort til go over to 17
borte *adv.* away (location) 1.26 (*cf. Gram.* 8.2)
bli borte disappear, go away R11[2]
der borte over there 1.26
bortover [bortå´ver] *adv.* across, over, along R17
bra *adj. and adv.* fine, good, well 1.6
bare bra just fine 1.6
det var bra that's good 1.18
brann (en) fire R25[1]
bratt *adj.* steep 14.10
bred [bre´] *adj. also* **brei** wide, broad R15
i sju lange og sju breie very long R15
bremse (en) brake 14.23
brenne (-te, -t) burn R23
brev (et) letter 6.4
briller *pl.* glasses R22
bris (en) breeze R24
bronkitt [bronkitt´] (en) bronchitis 16.27
bror (en) brother 3.34
bru (ei) bridge 21.0
bruk (en) use 18.16
ha bruk for need, have use for 18.16
brukbar [bru`k/ba˙r] *adj.* usable R17
bruke (-te, -t) use 6.14
brun *adj.* brown R14
brutt *cf.* **bryte**
bry (-dde, -dd) bother R12
bry seg om bother about, care about R12
brygge (ei) dock, pier 20.6
bryst (et) chest 16.15
bryte (brøt, brutt) break R15
brød [brø´] (et) bread R16
brødskive [brø`/sji˙ve] (en) slice of bread 9.25
bu *(New Norwegian)* = **bo** LL22
bukser [bok`ser] *pl.* trousers, pants 7.24
buljong [buljång´] (en) bouillon 24.26
burde (*pres.* **bør; burde, burdet**) ought to 2.37 (*cf. Gram.* 2.3)
buss (en) bus 5.29
butikk [butikk´] (en) store 7.0
butikksentrum [butikk´/sen˙trum] (et) shopping center 18.15
by (en) city 2.34
by (bød, budt) [by´, bø´d, butt´] offer 11.22
bygd (ei) rural community R25
bygdelag [byg`de/la˙g] (et) organization of people from the same **bygd** R20
bygeaktivitet [by`e/aktivite˙t] (en) shower activity R24
byget [by`et] *adj.* showery R24
bygg (et) barley 15.26
bygge (-et, -et *or* -de, -d) build 12.4
bygning (en) building 7.5
bymann [by´/mann˙] city dweller R23
bytte (-et, -et) trade, exchange R15
bære (bar, båret) carry 18.8
bære på carry 18.8
bøker *cf.* **bok**
bør (burde) [børr´] ought to 7.2
både *conj.* both 4.26 (*cf. Gram.* 12.2)
båt (ei) 20.4

C

campingbruk [kæm´ping/bru˙k] (en):
til campingbruk for use in camping 18.17

D

da *adv.-conj.* then, when 1.20 (*cf. Gram.* 12.1c and 18.2)
dag (en) day 1.1
  dagen lang all day long R21
  god dag hello 1.1
  i dag today 4.39
  en fjorten dagers tid a period of 14 days R22
  langt på dag late in the morning R15
  senere på dagen later in the day 25.37
  utpå dagen later in the day R24
  (tre ganger) om dagen (three times) a day 16.39
daglig [da`gli] *adj.* daily R22
  til daglig usually R22
dagslys [dak´s/ly˙s] (et) light of day R23
dal (en) valley 19.2 (R11[1])
dalstrøk [da`l/strø˙k] (et) valley district R24
dame (en) lady 21.34 (R17)
dampe (-et, -et) steam R14
Danmark (et) Denmark 25.12
danse (-et, -et) dance R20
dansk *adj.* Danish 25.17
datter (en) daughter 2.21
de, dem, deres [di´, demm´, de`res] *pron.* they, them, their(s) 4.5
De, Dem, Deres [di´, demm´, de`res] *pron.* you, you, your(s) 1.7 (*cf. Gram.* 6.1)
deg *cf.* **du**
dei (*New Norwegian*) = **de** LL22
deilig [dæi`li] *adj.* lovely 9.12
dekke (-et, -et) cover R11[2]
del (en) part
  en del several 7.7; a bit, some 24.35
  en god del quite a bit R13
  begge deler both 17.29
  til dels partly R24
dele (-te, -t) divide 11.13
  dele opp divide 22.27
  dele ut distribute, give (presents) 24.16
delvis [de`l/vi˙s] *adv.* partly R24
dem *cf.* **de**
Dem *cf.* **De**
den, det, de [denn´, de´, di´] *art.* the *(when followed by an adjective)* 7.5
den, det, de [denn´, de´, di´] *pron.* it, that, those 1.5
  dens its R12
  det er there is (*cf. Gram.* 5.5 *and* 16.1)
  det håper jeg I hope so 10.38
  jeg tror ikke det I don't think so 9.5
  kanskje det maybe so 8.27
  synes du det do you think so 6.35
denne, dette, disse *dem. pron.* this, these 2.21
dens *cf.* **den**
der [dæ´r] *adv.* there 1.26 (**der oppe,** *etc. cf. Gram.* 19.2a)
dere, dere, deres *pron.* you, you, your(s) (*plural*) 2.24
deres *cf.* **de**
Deres *cf.* **De**
deretter [dær´etter] *adv.* after that R22
derfor [dær´får] *conj.* therefore R11[1]
derfra [dær´fra] *adv.* from there 19.4
derom [dær´åmm] *adv.* about that R23
desember [desem´ber] December 10
dessert [desæ´r] (en) dessert 9.18
dessuten [dess´/u˙t^{e}n] *adv.* besides 8.10
dessverre [desvær´re] *adv.* unfortunately 1.10
desto *cf.* **jo**
det *cf.* **den**
dette *cf.* **denne**
dikt (et) poem R25
dikte (-et, -et) write poetry R23
dikter (en) poet 25.8 (R16)
din, ditt, dine [dinn´, ditt´, di`ne] *poss.* your(s) 6.1 (*cf. Gram.* 6.1)
  din stygge unge you nasty child R21
disk (en) counter R14
disse *cf.* **denne**
dit *adv.* there, to that place 5.26
  er det langt dit is it far 5.26
  vil du være med dit do you want to come along 7.6
ditt *cf.* **din**
dobbelt *adv.* double R21
doktor [dåk´tor] (en) doctor 3.30
dra (dro, dradd) pull; go 13.18
  dra av sted start off, leave 13.18
  dra ut på go out to R20
  dra inn til byen go in to the city R20
drap (et) murder, killing R25[1]
drepe (-te, -t) kill R23
  hvis jeg lot deg drepe if I had you killed R23
dress (en) suit 7.1
drev, drevet *cf.* **drive**
drift (en) operation R24
  i drift in operation R24
drikke (drakk, drukket) [drok`ket] drink 1.49
drikkepenger [drik`ke/peng˙er] *pl.* tip 9.36
drive (drev, drevet) operate, conduct, carry

on 18.33
drive med idrett be active in sports 24.34
dro *cf.* **dra**
drosjebil [dråsje`/bi'l] (en) taxi R18
drøm [drømm'] (en) dream R25[2]
drømme (-te, -t) dream R21
du, deg [dæi'] *pron.* you 6.4 (*cf. Gram.* 6.1)
du store verden my heavens R21
Dukkehjem [duk`ke/jemm'] (et) *Doll's House,* a play by Henrik Ibsen 23.17
dum [domm'] *adj.* stupid R20
dus *adj.* on an informal basis 12.38
være dus say **du** to each other 12.38
dusj (en) shower 4.27
dyktig *adj.* capable 23.34
dyp *adj.* deep 16.25
dyr *adj.* expensive 4.30
dyr (et) animal R12
dyrke (-et, -et) cultivate, raise 15.24
dø (-de, -dd) die 15.36
død [dø'] *adj.* dead 23.11 (R13)
død (en) death R23
døgn [døy'n] (et) 24-hour period 10.14
døgnet rundt around the clock 10.14
dør (ei) door R12
hun kom i døren she came to the door R12
rykke i døren pull at the door R22
dørhåndtak [dø`r/hånnta'k] (et) doorknob R22
dåd (en) deed R25[1]
dårlig [då`rli] *adj.* bad, poor, ill 4.18 (R13)

E

eg (*New Norwegian*) = **jeg** LL22
egen, eget, egne [e`gne] own 11.23 (*cf. Gram.* 11.1)
egentlig [e'gentli] *adv.* really, actually, anyway (in a question) 20.14 (R11[1])
egg (et) egg 18.34
eie (-de, -d) own R21
ein, eit (*New Norwegian*) = **en, et** LL22
ekorn [ek`ko'rn] (et) squirrel R22
eksempel [eksem'pel] (et) example 21.35
for eksempel (f. eks.) for example 21.35
ekspedere (-te, -t) [ekspede're] wait on 7.8
ekspedisjon [ekspedisjo'n] (en) baggage room 13.3
ekspeditrise [ekspeditri`se] (en) (female) clerk 17.27
ekspeditør [ekspeditø'r] (en) clerk 7
ekstra [ek'stra] *adj.* extra 9.37
ekte *adj.* genuine 15.11
eldre [el'dre] *comp. adj.* older 6.34
elektrisk [elek'trisk] *adj.* electric 8.13
elev [ele'v] (en) pupil 25.28
eller [el'ler] *conj.* or 4.24
ellers [el'lers] *adv.* otherwise, or 2.31; or else R20
elleve [el`ve] eleven 1.43
ellevte [el`lefte] eleventh 11
elske (-et, -et) love 25.18 (R23)
en, et *art.* a, an 1.14
en 50-60 about 50 or 60 15.21
en, ett *num.* one 1.38
ett etter ett one after the other R23
den ene, det ene the one R15, R21, LL18
en *indef. pron.* one, you, they 9.36
enda *adv.* still (*before comparatives*) 21.9
enda *conj.* although R15
ende [en`ne] (en) end 13.3
slå over ende knock over R15
endelig [en`deli] *adv.* finally, at last 8.22; by all means, definitely 5.20
eneste [e`neste] *adj.* only, single 3.36
eng (ei) meadow R11[2]
engang [en gang']: **ikke engang** not even R17
engelsk [eng'elsk] *adj.* English 14.19
enig [e`ni] *adj.* in agreement 23.38 (R21)
være enig (om) agree (about) R21
enkel [eng'kel] *adj.* simple R19
enkelt [eng'kelt] *adj.* single, individual R24
enkelte regnbyger scattered showers R24
enn *adv.-conj.* than (*before comparatives*) 6.33
ikke annet enn nothing but, only 12.25
hvor jeg enn ser no matter where I look 19.31
ennå *adv.* yet, still 3.38
enten *conj.* either 22.22
enten . . eller . . either . . or . . 22.22
eple (et) apple 1.35
er *cf.* **være**
eske (en) box 1.39
et *cf.* **en**
etasje [eta'sje] (en) floor, story 4.12
ett *cf.* **en**
etter *prep.-adv.* after 14.39
etter at after LL24
etter hvert gradually R20
etter tur in turn R19
komme etter follow R14
se etter look, check 14.39
sette etter set out after R15
tenke etter reflect, think about R19
ettermiddag [et`ter/midda'g] (en) afternoon 9.29
i ettermiddag this afternoon R24

midt på ettermiddagen in the middle of the afternoon 9.29
om ettermiddagen in the afternoon, early evening R22
etterpå [et`ter/på˙] *adv.* afterwards 17.9 (R14)
eventyrslott [e`ventyr/slått˙] (et) fairytale castle R22
evig [e`vi] *adj.* eternal, perpetual 13.31

F

fager [fa´ger] *adj.* beautiful R23
faktisk [fak´tisk] *adv.* actually R17
fakultet [fakulte´t] (et) faculty 22.27
fall (et) case 18.10 (R14)
i så fall in that case 18.10
falle (falt, falt) fall R11[2]
fallen *adj.* fallen R25[2]
fant *cf.* **finne**
far (en) father 2.7
fare (en) danger R18
farge (en) color 7.12
fargebånd [far`ge/bånn˙] (et) typewriter ribbon R22
farlig [fa`rli] *adj.* dangerous 14.22
det er ikke så farlig it's not so serious 17.2
fast *adj.* definite, firm R15
sitte fast be stuck R15
slå fast determine, substantiate R22
feber [fe´ber] (en) fever 16.21
feberaktig [fe´berakti] *adj.* feverish R22
februar [februa´r] February 10
feil (en) error, mistake R13
ta feil av mistake, confuse R13
feile (-te, -t) be wrong with 16.20
feire (-et, -et) celebrate 24.10
felles [fel´les] *adj.* common, joint 25.14
fellesmøte [fel´les/mø˙te] (et) joint meeting R22
fem [femm´] *num.* five 3.19
femkroneseddel [femm`kro˙ne/sed˙del] (en) five-*kroner* bill 17.18
femmer [fem´mer] (en) five-*krone* bill 13.15
femte *ord.* fifth 25.15
femten [fem`t^en] *num.* fifteen 15.19
femtende [fem`t^ene] *ord.* fifteenth 15
femti [fem´ti] *num.* fifty 1.43
ferdig [fæ`ri, fær`di] *adj.* ready, finished 7.27
pakke ferdig finish packing 14.2
ferie [fe´rie] (en) vacation 12.37
fersk [fær´sk] *adj.* fresh 13.37
fest-arrangør [fes´t/arrangsjø˙r] (en) arranger of banquets R22
festdag [fes´t/da˙g] (en) holiday 24.24
fetter [fet´ter] (en) (male) cousin 6.5
figur [figu´r] (en) figure 21.16 (R17)
fikk *cf.* **få**
film (en) film, movie 8.9
filosofi [filosofi´] (en) philosophy 22.26 (R18)
fin *adj.* fine 6.16
finger [fing´er] (en) finger R17
finne (fant, funnet) find 1.22
finne fram find one's way R12
finne sted take place R22
finne ut til find the way out to R19
det finnes there is, there are 18.4
fire *num.* four 9.28
fisk (en) fish 13.35
fiskebolle [fis`ke/bål˙le] (en) fishball 18.38
fiskestang [fis`ke/stang˙] (en) fishing pole 13.36
Fisketorvet [fis`ke/tår˙ve] the Fish Market (in Bergen) 5.17
fjell (et) mountain 5.35
i fjellet in the mountains 12.30
til fjells to the mountains 10.33
fjellstrøk [fjell`/strø˙k] (et) mountain district R24
fjelltrakt [fjell`/trak˙t] (en) mountain area R24
fjerde [fjæ`re] *ord.* fourth 4
fjern [fjæ´rn] *adj.* distant R22
fjor: i fjor last year 6.24
fjord [fjo´r] (en) fjord 5.39
fjordstrøk [fjo`r/strø˙k] (et) fjord district R24
fjorten [fjor`t^en] *num.* fourteen 25.9
fjortende [fjor`t^ene] *ord.* fourteenth 14
fjøs (et) cow barn 15.18
flagg (et) flag 25.29
flaggstang [flagg´/stang˙] (en) flag pole R25[2]
flaske (en) bottle 9.11
flatbrød [flat´/brø˙] (et) flatbread 15.13
flere [fle´re] *comp. adj.* several 5.19; more (*cf. Gram.* 10.2)
flest *sup. adj.* most 21.38 (R18)
de fleste most (of) 21.38
de fleste most people R18
folk flest most people LL12
flink *adj.* accomplished 10.28
flink til good at 10.28
flott [flått´] *adj.* great, fine, elegant 5.38
flue (en) fly R22
fly (fløy, fløyet) fly R20
flyktig [flyk`ti] *adv.* fleetingly 21.14 (R17)
flypostporto [fly´påst/por˙to] (en) airmail rate 17.27

flyte (fløt, flytt) float R19
flytte (-et, -et) move 4.34
fløte (en) cream 9.21
Fløybanen [fløy´/ba`n^e^n] the funicular railroad at Fløyen in Bergen 5.33
folk [fål´k] (et) people 9.23
være folk behave properly, be civil R20
folkedans [fål`ke/dan`s] (en) folk-dancing 20.35
folkeeventyr [fål`ke/e`venty`r] (et) folk tale R15
Folkemuséet [fål`ke/muse`e] the Folk Museum (at Bygdøy in Oslo) 20.20
folkemusikk [fål`ke/musikk`] (en) folk music 20.35
folkevett [fål`ke/vett`] (et) common sense R25[1]
fontene [fånte`ne] (en) fountain 21.22
for [fårr´] *prep.* for 3.1
for alvor in earnest R22
for det meste mostly R24
for en . . what a . . 19.1
for fem år siden five years ago 3.19
for seg by themselves LL17
for seg selv by herself R21
for å in order to 17.24 (R12)
hva . . for noe what 17.36
nå for tiden nowadays 18.32
til ære for in honor of 25.6
det er ikke fritt for it happens, it can't be denied 19.18
være glad for at be glad that 24.25
være redd for be afraid of 16.27
for [fårr´] *adv.* too 3.12
for [fårr´] *conj.* because, for, since 11.19
foran [får´ran] *prep.-adv.* in front of, ahead 6.30
forandre (-et, -et) [fåran´dre] change R22
forandre seg change R22
forbi [fårbi´] *prep.-adv.* past 17.6 (R12)
fordele (-te, -t) [fårde´le] divide R14
fordi [fårdi´] *conj.* because 7.34
foreldre [fårel´dre] *pl.* parents 15.5
forelesning [få`re/le`sning] (en) lecture (at a university) 22.12
forelsket [fårel´sket] *adj.* in love R21
forene (-et, -et) [fåre´ne] unite 25.12
forening [fåre´ning] (en) association 22.33
forestille (-te, -t) [få`re/stil`le] represent 21.10
forestilling [få`re/stil`ling] (en) performance (in a theater) 23.20
foretrekke (-trakk, -trukket) [få`re/trek`ke] prefer 8.10
forfedre [fårr`/fe`dre] *pl.* forefathers 20.24
forferdelig [fårfær`d^e^li] *adj.* terrible 8.17
forferdet [fårfær´det] *adj.* terrified R21
forfriskning [fårfris´kning] (en) refreshment(s) 23.39
forkjølelse [fårkjø´l^e^lse] (en) cold 16.13
forkjølet [fårkjø´let] *adj.* having a cold 16.12
bli forkjølet catch a cold 16.12
forklare [fårkla´re] (-te, -t) explain R22
fornøyd [fårnøy´d] *adj.* satisfied, pleased R14
fornøyelse [fårnøy´else] (en) pleasure 5.8
forrest [får´rest] *adv.* foremost 25.34
forresten [fåres´ten] *adv.* for that matter, however, actually 18.29 (R12)
forretning [fåret´ning] (en) store, business 18.27 (R17)
i forretninger on business R17
forretningsbrev [fåret´nings/bre`v] (et) business letter LL6
forretningsmann [fåret´nings/mann`] (en) business man 3.35
forrige [får`rie] *adj.* former, last 22.4 (R13)
forrige uke last week R13
forside [fårr`/si`de] (en) front page R17
forsiktig [fårsik´ti] *adj.* careful 14.27 (R13)
forskjell [fårr`/sjell`] (en) difference R18
forskjellig [fårsjel´li] *adj.* different 18.24
forstand [fårstann´] (en) reason, understanding R25[1]
forstå (forstod, forstått) [fårstå´, fårsto´, fårstått´] understand 1.12
forsyne (-te, -t) [fårsy´ne] supply 17.39
forsyne seg help oneself (to food) R13
forsynt [fårsy´nt] *adj.* satisfied, had enough (food) 9.17
fort *adj.* quick, rapid R19
fort *adv.* quickly, fast 11.39
fortalte, fortalt *cf.* **fortelle**
fortau [får`/tæu`] (et) sidewalk 25.23
fortelle (fortalte, fortalt) [fårtel´le, fårtal´te, fårtal´t] tell 3.20
fortelle om tell about 3.20
fortid [fårr`/ti`d] (en) past R11[1]
fortsette (-satte, -satt) [får´t/set`te] continue R11[2]
foruten [fåru`t^e^n] *prep.* besides R18
fot (en) *pl.* **føtter** [føt´ter] foot 25.5
fotball [fott`/ball`] (en) soccer 24.35
sparke fotball play soccer 24.35
fotografi [fotografi´] (et) photograph 6.31
fottur [fo`t/tu`r] (en) hike 12.30
gå fottur hike, take a hike 12.30.
fotturist [fo`t/turis`t] (en) hiker 12.35
foyer [foaje´] (en) foyer, entry 23.40
fra *prep.* from 2.2

fra de er to år gamle from (the time) they're two years old 21.39
frakk (en) (man's) coat 16.9
fram [framm´] *adv.* ahead, forward 1.29
  fram og tilbake back and forth 22.11
  finne fram find one's way R12
Framhuset [framm´/hu˙se] the building containing the ship Fram (Bygdøy) 20.17
framme *adv.* at a destination, forward 23.23 (LL11) (*cf. Gram.* 8.2)
framtid [framm`/ti˙d] (en) future R11[1]
fransk *adj.* French 14.33
franskbrød [fran´sk/brø˙] (et) French bread R16
franskbrødskive [fran´skbrø/sji˙ve] (en) slice of French bread R17
fred (en) peace R22
fredag [fre´da] Friday 7
fredelig [fre`d^{e}li] *adj.* peaceful R11[1]
frem [fremm´] *alternate form for* **fram** LL7
fremme (et) advancement, promotion R24
fremmed *adj.* strange, unacquainted, foreign R12
  fremmede *pl.* strangers R12
fri, (-tt, -e) *adj.* free 19.18
  det er ikke fritt for it happens, it can't be denied 19.18
fridag [fri´/da˙g] (en) day off R19
frihet [fri´/he˙t] (en) freedom R25[1]
fri-idrett [fri´/idrett˙] (en) track and field 24.39
friluftsområde [fri´lufts/åmrå˙de] (et) (outdoor) recreation area 19.40
friluftsteater [fri´lufts/tea˙ter] (et) outdoor theater 20.34
frimerke [fri´/mær˙ke] (et) postage stamp 17.24
frisk *adj.* well, healthy 16.39
frisøndag [fri´/søn˙da] (en) Sunday off R19
fritt *cf.* **fri**
frokost [fro´/kås˙t] (en) breakfast 9.23
  til frokost for breakfast 9.23
fru Mrs. 2.19
frue (en) lady, wife R17
frukt (en) fruit 9.19
fryktelig [fryk`t^{e}li] *adv.* awfully 10.9
fryse (frøs, frosset) [fråс`set] freeze, be cold 24.2
frøken [frø´ken] Miss 2.23
frå (*New Norwegian*) = **fra** LL22
fuktig [fok`ti, fuk`ti] *adj.* damp 10.6
fulgte *cf.* **følge**
full *adj.* full 13.8
furu (ei) pine 12.24
fy *excl.* phew (expressing digust) 15.32
fylle (-te, -t) fill 14.4
  fylle bensin på tanken fill the gas tank 14.4
  fylle ut fill out 17.35
fyllepenn [fyl`le/penn˙] (en) fountain pen 6.38
færrest [fær´rest] *sup. adj.* fewest 23.19
  de færreste very few (people) 23.19
fødes (fødtes) be born R23
fødselsdag [føt´sels/da˙g] (en) birthday R16
født [føtt´] *adj.* born 15.5
føle (-te, -t) feel 16.3 (R12)
  føle seg feel 16.3
følge (fulgte, fulgt) [føl`le, ful`te, ful´t] follow 16.10 (R12)
  følge etter follow along after 25.28 (R12)
  følge med accompany 17.37
  følge med tiden keep up with the times R25[2]
følge [føl`le] (et) company R14
følgebrev [føl`le/bre˙v] (et) address card 17.34
før *prep.-adv.-conj.* before 2.25
føre (et) skiing conditions 19.16
føre (-te, -t) lead 19.3
  føre en samtale conduct, carry on a conversation R21
føreforhold [fø`re/får˙håll] (et) skiing conditions R24
først *ord.* first 4.12
  første gang the first time R21
  først i tredveårene early in the thirties R12
  først klokken to not until 2 o'clock 12.13
førti [før´ti] *num.* forty 25.39
føtter *cf.* **fot**
få *adj.* few R19
  noen få a few R19
få (fikk, fått) get, may 2.17 (*cf. Gram.* 17.1)
  få lov til be allowed to 25.31
  få med include, get in 20.39
  få råd til be able to afford R18
  få tak i get hold of, get 11.31
  få øye på catch sight of R14

G

ga *cf.* **gi**
gaffel [gaf`fel] (en) fork 9.31
gal *adj.* wrong 24.36 (R22)
  gå galt turn out badly 24.31
gammel *adj.* old 2.7 (*cf. Gram.* 3.3d)
gammeldags [gam`mel/dak˙s] *adj.* old-fashioned 15.12
gammelost [gam`mel/os˙t] (en) a type of strong Norwegian cheese 15.1A

gang (en) time 1.14
en gang til once more 1.14
med en gang right away 13.18
noen gang ever 3.14
noen ganger sometimes R21
på en gang at one time, at once 18.27
det var en gang once upon a time R15
ganske *adv.* quite 4.16
garderobe [gardero`be] (en) cloak room 23.30
gate (ei) street 4.6
nede i gata down the street 18.15
gave (en) gift, present 24.16 (R23)
geitost [jæi`t/os˙t] (en) goat cheese 15.14
genser [gen´ser] (en) sweater 24.25
gi (ga, gitt) [ji´, ga´, jitt´] give 9.37
gi tapt give up R25[1]
gift [jif´t] *adj.* married 3.39
gikk *cf.* **gå**
gitt *cf.* **gi**
gjelde (gjaldt, gjeldt) [jel`le, jal´t, jel´t] be valid, be a question of 24.29 (R18)
gjennom [jen´nåm] *prep.* through 5.32
gjensyn [jenn`/sy˙n]: **på gjensyn** be seeing you 10.39
gjenta (-tok, -tatt) [jenn´/ta˙] repeat R21
gjerde [jæ`re] (et) fence R21
gjerne [jæ`rne] *adv.* gladly, willingly 5.9; easily R15
like gjerne just as well R17,22
jeg tar gjerne I'd like 9.10
jeg vil gjerne I'd like 5.23
gjerning [jæ`rning] (en) deed R23
gjøre (gjorde, gjort) [jø`re, jo`re, jor´t] do 3.21
gjøre innkjøp shop 18.14
gjøre klokt act wisely R23
gjøre vondt hurt 16.24
som sagt, så gjort no sooner said than done R21
gjørlig [jø`rli] *adj.* feasible R23
glad [gla´] *adj.* happy, glad 24.13 (R13)
være glad for at be glad that 24.20
være glad i be fond of, love 25.31
gladelig [gla`d^{e}li] *adv.* with pleasure, gladly R23
glass (et) glass 1.50
et glass melk a glass of milk 1.50
glassplate [glass`/pla˙te] (en) plate of glass R22
glassrute [glass`/ru˙te] (en) pane of glass R16
glede (en) joy, happiness 21.12 (R16)
glede (-et, -et) please 2.19
glede seg (over) be pleased (about) R23
glede seg til look forward to 24.9
det gleder meg it's a pleasure 2.19
glemme (-te, -t) forget 5.20
glimrende [glim`rene] *adj.* wonderful, marvelous 23.33 (R16)
god, (-t, -e) [go´, gått´, go`e] *adj.* good 1.1
god dag hello 1.1
god tur bon voyage 10.40
en god del quite a bit R13
ha god tid have plenty of time 11.34
vær så god here you are, you're welcome 1.31
like godt just as well R21
ha det godt be well off R19
ha godt av benefit from 5.31
det kan vi godt we can certainly do that 5.25
Golfstrømmen [gål´f/strøm˙men] the Gulf Stream 10.24
golv [gål´v] (et) floor R15
gong (*New Norwegian*) = **gang** LL22
grad (en) degree R24
gram [gramm´] (et) gram 17.30 (*cf. App. I*)
gran (ei) spruce 12.24
gras *cf.* **gress**
gratis [gra´tis] *adj.* free 21.4
graut *cf.* **grøt**
grave (-de, -d) dig R12
grave ned bury R12
grave opp dig up R12
grei (-t, -e) *adj.* nice, fine, convenient 8.2
greie (-de, -d) manage, be sufficient 16.35
det greier seg that'll do 17.14
grep, grepet *cf.* **gripe**
gress (et) grass R11[1]
gresse (-et, -et) graze R11[1]
gresshoppe [gress`/håp˙pe] (en) grasshopper R11[2]
gressplen [gress`/ple˙n] (en) lawn 21.30
grind [grinn´] (ei) gate R14
gris (en) pig 15.19
gro (-dde, -dd) grow 15.25
grunn (en) ground; reason R17
i grunnen in reality, basically 23.37
av en eller annen grunn for one reason or another R22
grunnlov [grunn`/lå˙v] (en) constitution 25.9
grus (en) gravel R21
rive i grus level to the ground R23
grusplass [gru`s/plass˙] (en) gravel-covered area R21
grustun [gru`s/tu˙n] (et) gravel-covered yard R21
grøde (et) growth, produce R25[2]

grønn *adj.* green R11[2]
grønne (-et, -et) become green R25[2]
grønnsaker [grønn`/sa˙ker] *pl.* vegetables 9.15
grøt (en) porridge, pudding 15.29
gråte (gråt, grått) cry, weep R21
Gud (en) God R23
gullfisk [gull`/fis˙k] (en) goldfish R22
gutt (en) boy 16.32 (R14)
gymnasium (*def. sing.* **gymnasiet**) [gymna´-sium, gymna´sie] junior college 6.22
gå (gikk, gått) [jikk´] walk, go, leave; be showing (of plays and movies) 1.11; 8.8
  gå av get off (trains, etc.) 12.15
  gå fottur hike, take a hike 12.30
  gå galt go badly, turn out wrong 24.36
  gå med wear 25.37
  gå med paraply carry an umbrella 10.4
  gå på ski ski, to go skiing 10.25
  gå på universitetet go to the University 22.21
  gå til happen, come about R23
  gå ærend run an errand R14
  gikk og bet was biting R11[1] (*cf. Gram.* 14.1)
  hvordan går det how are things (*cf. Gram.* 24.2c)
går: i går yesterday 5.2
  i går kveld last evening R19
gård [gå´r] (en) farm 15.12
  her på gården on this farm 15.12

H

ha (hadde, hatt) have 1.7
  ha det godt be well off R19
  ha det morsomt have fun R17
  ha det travelt be busy 20.38
  ha kjær love R23
  ha lett for be inclined to R21
  ha lov til be allowed to 11.20
  ha lyst på wish, would like 9.9
  ha med have, take along 18.11
  ha rett be right 14.28 (R11[1])
  ha vondt hurt 16.16
  ha øvelse be in practice 24.32
  hvordan har De det how are you 1.7
  jeg skulle ha I'd like 1.35
hage (en) garden R11[2]
hals (en) throat; neck 16.22 (R15)
halv [hall´] *adj.* half 8.37
  halv seks 5:30 8.37
halvannen [halla`en] *adj.* one and a half 25.1 (R24)
halvtime [hall`/ti˙me] (en) half an hour R14
halvøy [hall`/øy˙] (ei) peninsula 20.14
han, ham, hans [hann´, hamm´, han´s] *pron.* he, him, his 2.12
handle (-et, -et) shop R13; act R23
hang *cf.* **henge**
hans *cf.* **han**
Hardangervidda [hardang´er/vid˙da] the Hardanger plateau 12.27
hatt *cf.* **ha**
hatt (en) hat R18
hav (et) sea, ocean 12.19
  meter over havet (m.o.h.) meters above sea level 12.19
  til havs at sea R24
havn (ei) harbor 5.15
havre *pl.* oats 15.26
havregrøt [hav`re/grø˙t] (en) oatmeal 9.24
havs *cf.* **hav**
hei *excl.* hey 14.21
heilt *cf.* **helt**
heim, heime *cf.* **hjem, hjemme**
heite (*New Norwegian*) = **hete** LL22
hel *adj.* whole 5.5
  hele the whole, all, all of 5.39
  hele den deilige sommeren the entire lovely summer R17
  det hele everything R25[1]
  det hele var it all was R22
  i hele mitt liv in all my life 25.28
  i hele natt all night 5.5
heldig [hel`di] *adj.* fortunate 19.10
heller [hel´ler] *adv.* rather, instead 5.25; either 8.32
helst *adv.* preferably 3.6
  når som helst any time at all 10.3
  det er nok helst I guess it's R11[1]
  jeg røker helst I prefer to smoke 3.6
helt [he´lt] *adv.* completely 10.2 (*cf.* **hel**); all the way 19.8
hen [henn´] *adv.* away, off 8.4 (*cf. Gram.* 8.2)
  hvor skal dere hen where are you going 8.4
hende (-te, -t) [hen`ne] happen 8.18
  det hender det regner it sometimes rains 10.15
hender *cf.* **hånd**
[1]**henge** (-te, -t) (*trans.*) hang R21
[2]**henge (hang, hengt)** (*intrans.*) hang 13.25
  henge i stick to it, keep at it 13.25
  stå og henge hang around R18
  bli hengende ved be detained by R18
henne *adv.* (located) at 17.5 (*cf. Gram.* 8.2)
  hvor ligger banken henne where is the bank 17.5
henne *pron. cf.* **hun**

hennes *cf.* **hun**
hente (-et, -et) fetch, pick up 6.7
her [hæ´r] *adv.* here 2.25
  her i landet in this country 14.13
  her på gården on this farm (*cf. Gram.* 24.3)
  her inne in here 4.21 (*cf. Gram.* 19.2a)
herfra [hær´fra] *adv.* from here LL19
hermetikk [hærmetikk´] (en) canned goods 18.38
herr [hærr´] Mr. 2.19
herre [hær`re] (en) gentleman; lord R23
het (-t, -e) *adj.* hot 10.9; fervent R23
hete (hette or **het, hett)** be named 2.3
  jeg heter my name is 2.4
hilse (-te, -t) greet 13
  hilse fra bring greetings from R17
  hilse på greet LL25
  hilse til greet R18
  jeg skulle hilse I was supposed to say hello 2.15
hilsen (en) greetings LL16
himmel (en) heaven, sky 10.2
  på himmelen in the sky 24.1
historisk-filosofisk [histo´risk-filoso´fisk] *adj.* historical-philosophical 22.30
hit [hi´t, hitt´] *adv.* to here, hither 21.13 (R12)
hjel [je´l] *cf.* **sulte**
hjelpe (hjalp, hjulpet) [jel`pe, jal´p, jul`pet] help 1.33
hjem [jemm´] *adv.* (to) home (*also* **heim**) 10 (*cf. Gram.* 8.2)
  rope heim til middags call to dinner R15
hjemme [jem`me] *adv.* at home 2.30 (*cf. Gram.* 8.2)
  høre hjemme belong, dwell R20
  stelle heime take care of the house R15
hjerte [jær`te] (et) heart R25[2]
hjørne [jø`rne] (et) corner 5.30
hode (et) head R11[1]
  snu på hodet turn one's head R12
holde (holdt, holdt) [hål`le, hål´t, hål´t] hold 9.31
  holde en forelesning give a lecture 22.37
  holde på å be busy at 15.17; be in the act of (*cf. Gram.* 14.1)
  holde seg i ro take it easy 16.36
  holde seg til stick to 24.33
  holde seg til meg stay with me R23
  holde seg varm keep warm 24.25
  holde sengen stay in bed 16.34
  holde våken keep awake R23
holdeplass [hal`le/plass˙] (en) (bus, streetcar) stop R18
Holmenkollbanen [hål`menkåll/ba˙nen] the Holmenkoll (streetcar) line 19
Holmenkolldagen [hål`menkåll/da˙gen] the Holmenkoll (ski meet) day 24
Holmenkollrennet [hål`menkåll/ren˙ne] the Holmenkoll meet 24.22
hopp [håpp´] (et) jump 24.28
hoppe (-et, -et) [håp`pe] jump 24.29
hopper [håp`per] (en) jumper 24.30
hos [hoss´] *prep.* with, at, at the house of 2.31
  hos oss at our house 2.31; in our country, here 24.15
  makten er hos folket the power is with the people 25.19
hoste (-et, -et) cough 16.15
hotell [hotell´] (et) hotel 1.22
hovedvei [ho`ved/væi˙] (en) main road R14
Hovedøya [ho`ved/øy˙a] an island in the Oslofjord R19
hue *cf.* **hode** (R20)
hun [hunn´], **henne, hennes** *pron.* she, her, her(s) 8.2
hund [hunn´] (en) dog 6.26
hundre *num.* hundred 4.29
hundrekroneseddel [hun`drekro˙ne/sed˙del] (en) hundred-*kroner* note 17.16
hundrevis [hun`dre/vi˙s] *adv.* hundreds 19.22
  hundrevis av hundreds of 19.22
hus (et) house 6.30
huske (-et, -et) remember 11.16
hustak [hu`s/ta˙k] (et) (house) roof R16
hustru (en) wife R23
hva [va´] *pron.* what 1.38
  hva er . . for noe what's 17.36
  hva som what 8.18
hvem [vemm´] *pron.* who, whom 2.5
hver, -t [væ´r, vær´t] *pron.* each, every 10.33
  etter hvert gradually R20
hverandre [væran`dre] *pron.* each other R18
hverdagsmat [væ`rdaks/ma˙t] (en) common fare, everyday food 15.9
hverken *cf.* **verken**
hvete [ve`te] (en) wheat 15.24
hvile (-te, -t) [vi`le] rest 21.25 (R13)
hvilken, hvilket, hvilke [vil´ken, vil´ket, vil´ke] *pron.* which, what (of several) 7.12 (*cf. Gram.* 11.1)
hvis [viss´] *conj.* if 2.38 (*cf. Gram.* 13.2)
hvis [viss´] *pron.* whose R23
hviske (-et, -et) [vis`ke] whisper R20
hvit (-t, -e) [vi´t, vitt´, vi`te] *adj.* white 7.33
[1]**hvor** [vorr´] *adv.* where 1.22
  hvor . . . . enn no matter where 19.31

[2]**hvor** [vorr´] *adv.* how (with words of quantity) 1.36
hvor mange how many 1.36
hvor mye how much 1.42
hvordan [vor´dan] *adv.* how 1.5
hvordan det (da) how come 11.33
hvordan går det how are things (*Gram.* 24.2c)
hvordan har De det how are you 1.7
hvordan står det til how are you 1.5
hvorfor [vorr´får] *adv.* why 6.14
hybel [hy´bel] (en) (rented) room 22.22
bo på hybel live in a rented room 22.22
hyggelig [hyg`geli] *adj.* pleasant 2.14
hylle (en) shelf 18.36
hysj [hysj´] *excl.* hush, shhh 15.33
hytte (ei) cabin 12.34
høre (-te, -t) hear 5.6
høre av hear from R11[1]
høre hjemme belong, dwell R20
høre om hear about 23.10
høre til belong to R16
hør her now listen 12.38
høst (en) fall 6.23
til høsten in the fall 6.23
høy (et) hay 15.27
høy *adj.* high, tall 12.18
de høyere skolene the secondary schools 25.33
høyde (en) height, heights R24
høyfjell [høy`/fjell˙] (et) mountain plateau, heights 12.16
høyre [høy´re] *adj.* right 1.27
til høyre to the right, on the right 1.27
høyt *adv.* out loud R20; greatly 25.18
høytid [høy`/ti˙d] (en) celebration, event 24.19
høytidelig [høyti´d^{e}li] *adj.* solemn 22.3
hånd [hånn´] (ei) *pl.* **hender** [hen´ner] hand 9.31
i høyre (venstre) hånd in the right (left) hand 9.31
gi hverandre hånden shake hands R25[1]
håndveske [hånn`/ves˙ke] (ei) handbag R19
håpe (-et, -et) [hå`be] hope 10.38
håpe på hope for 18.9
hår (et) hair 8.15

I

i [i´] *prep.-adv.* in 2.20
i dag today 4.39
i ettermiddag this afternoon R24
i fjor last year 6.24
i går yesterday 5.2
i kveld this evening 4.35
i morgen tomorrow 4.36
i morges this morning 6.15
i natt tonight 19.25, last night R24
i vår this spring 6.32
i blant among, in between 12.26
i det samme just then R15
i drift in operation R24
i forretninger on business R17
i første etasje on the first floor 4.12
i grunnen actually, basically R17
i hele natt all night 5.5
i like måte likewise 2.21
i radioen on the radio R25[2]
i siste øyeblikk at the last moment 11.40
i spissen at the head 25.26
i ti år for ten years 3.16
i tre og tre trinn three steps at a time R18
få i gang get started, institute
få tak i get hold of 9.31
gå i teatret go to the theater 8.6
ha rett i be right R11[1]
henge i stick to it, keep at it 13.25
komme i døren come to the door R12
legge i vei start off 13.20
prate i vei chat away R20
sulte i hjel starve to death 18.20
en gang i tiden once upon a time R18
nede i gata down the street 18.15
noe i veien something wrong 14.38
professor i professor of R22
i all fall [iall´fall] *adv.* at any rate 7.16
Ibsenstykke [ip´sen/styk˙ke] (et) play by Henrik Ibsen 23.10
idé [ide´] (en) idea 12.32
idrett [i`/drett˙] (en) sport, athletics 24.34
idrettslag [i`dretts/la˙g] (et) athletic team 24.37
idrettsstevne [i`dretts/stev˙ne] (et) athletic meet 24.27
igjen [ijenn´] *adv.* back, left, behind, again (*cf. Gram.* 13.3) 8.31
bli igjen remain, be left R11[2]
legge igjen leave (behind) 9.36
ligge igjen be left (behind) 13.36
nå igjen catch up with R15
om og om igjen again and again R22
ikke *adv.* not 1.13
ikke annet enn nothing but, just 12.25
ikke engang not even R17
ikke noe nothing 12.14
ikke noe særlig not especially 2.27

ikke noe å takke for don't mention it 1.32
ikke sant don't you agree, isn't it so 5.37
ikke så snart no sooner than R21
slett ikke not at all 4.31
ikkje (*New Norwegian*) = **ikke** LL22
ille *adj.* bad, terrible R17
i mellom *cf.* **mellom**
i mot *cf.* **mot**
imponerende [impone´rene] *adj.* impressive 12.1
imponert [impone´rt] *adj.* impressed 23.37
importere (-te, -t) [importe´re] import 14.20
indre *adj.* inner R24
ingen *adj. pron.* no, none, no one, not any 3.39 (*cf. Gram.* 11.1)
ingen årsak you're welcome 6.9
det spiller ingen rolle that doesn't make any difference 14.8
ingenting [ing`en/ting˙] *pron.* nothing 16.32
for ingenting for no reason R20
inkludert [inklude´rt] *adj.* included 9.37
inn in 4.37 (*cf. Gram.* 8.2)
inn i into 8.19
de hverken visste ut eller inn they knew nothing, were completely confused R22
innbille (-te, -t) [inn´/bil˙le] imagine 21.8
innbille noen tell, give someone the impression 21.8
inne *adv.* inside 4.21 (*cf. Gram.* 8.2)
inne i inside, within = **inni** R23
(**her inne,** *etc. cf. Gram.* 19.2a)
sitte inne med contain, possess R23
innenfor [in`nen/fårr˙] *adv.* within R24
innerst [in´nerst] *adj.* innermost R23
innflytter [inn`flyt˙ter] (en) immigrant R19
inngang [inn`/gang˙] (en) entrance 20.27
inni = **inne i** R23
innkjøp [inn`/kjø˙p] (et) purchase 18.14
gjøre innkjøp shop 18.14
innkjøps-sjef [inn`kjøps/sje˙f] (en) head buyer R22
innom [inn`åm] *adv.* in 14.6 (*cf. Gram.* 19.2c)
gå innom, komme innom drop in 14.6, 16.3
innover [inn´/å˙ver] *adv.* in, into 19.3 (*cf. Gram.* 19.2b)
inntil [inn´/till˙] *adv.* until, as many as R22
innviklet [inn´/vik˙let] *adj.* complicated 22.39
interessant (—, -e) [int^e^ressang´, int^e^ressang´t, int^e^ressang´e] *adj.* interesting 5.16
interessert [int^e^resse´rt] *adj.* interested 14.36
internasjonal [internasjona´l] *adj.* international 24.27
intet = **ikke noe** R23
is (en) ice, ice-cream 9.19
iskrem [i`s/krem˙] (en) ice-cream R19
iskrembutikk [i`skrem/butikk˙] (en) ice-cream store R17
isteden [iste´d^e^n] *adv.* instead R19

J

ja *interj.* yes 1.10; well (*cf. Gram.* 16.2)
ja da yes indeed 3.15
ja så is that so, oh 6.35
ja vel certainly, all right 7.12
ja visst yes indeed 18.5
jakke (en) jacket 7.23
jamen [jam`men] *adv.* certainly, surely 12.28
januar [janua´r] January 10
jeg, meg [jæi´, mæi´] *pron.* I, me 1.11
jente (ei) girl R19
jernbane [jæ`rn/ba˙ne] (en) railroad 12.1
jo *interj.* yes (in reply to a negative question) 2.2; *adv.* as you know 2.25 (*cf. Gram.* 18.2)
jo da yes indeed 2.2
jo . . desto . . the . . the . . R21
jobb [jåbb´] (en) job R18
jord [jo´r] (ei) earth R11
journalist [sjurnalis´t, sjornalis´t] (en) journalist 3.22
jul (en) Christmas 24.5
julaften [ju`l/af˙t^e^n] (en) Christmas eve 24.12
juledag [ju`le/da˙g] (en) Christmas day 24.14
julekveld [ju`le/kvell˙] (en) Christmas eve 24.13
julesang [ju`le/sang˙] (en) Christmas carol 24.12
juletre [ju`le/tre˙] (et) Christmas tree 24.11
juli [ju´li] July 10
juni [ju´ni] June 10
juridisk [juri´disk] *adj.* legal, judicial 22.29
jus [juss´] (en) (study of) law 22.26

K

kaffe [kaf´fe] (en) coffee 1.54
kaffekjele [kaf´fe/kje˙le] (en) coffee pot LL18
kake (ei) cake, pastry 9.19; cookie 24.11
kald (-t, -e) [kall´, kal´t, kal`le] *adj.* cold 4.26
kall (et) call, mission R23
kalle (-te, -t) call 20.15
kalle for call 25.10

kalvestek [kal`ve/ste˙k] (en) roast veal 9.7
kamp (en) fight, struggle 21.20; (athletic) competition 24.38
kan *cf.* **kunne**
kanskje [kan`sje] perhaps, maybe 4.4
  kanskje det maybe (so) 8.27
kaptein [kaptæi´n] (en) captain 3.14
kar (en) fellow 15.3
Karl Johan [ka´rl johan´] Oslo's main street 17.8
kart (et) map 5.10
  kart over map of 5.10
kasse (ei) cashier's window 17.0
katt (ei) cat R22
kelner [kel´ner] (en) waiter 9.34
kikke (-et, -et) [kjik`ke] glance, peek 22.2 (R17)
  kikke på glance at 22.2
Kikutstua [kji`kut/stu˙a] the tourist cabin at Kikut in Nordmarka 19.25
kilo [kji´lo] (et) kilogram 13.10 (*cf. App.* 1)
kilometer [kji´lo/me˙ter] (en) kilometer 12.8 (*cf. App.* 1)
kinn [kjinn´] (en) cheek R16
kino [kji´no] (en) movie theater 8.7
  gå på kino go to the movies 8.7
kiosk [kjås´k] (en) newspaper stand, booth R17
kirke [kjir`ke] (en) church 5.19
Kirkeveien [kjir`ke/væi˙en] street in Oslo 21.28
kjedelig [kje`deli] *adj.* boring 24.8
kjele (en) saucepan, pot 18.18
kjeller (en) cellar R15
kjellertrapp [kjel`ler/trapp˙] (ei) cellar stairs R15
kjemi [kjemi´] (en) chemistry 22.26
kjenne (-te, -t) know, be acquainted with 2.15; feel R16 (*cf. Gram.* 14.2)
  kjenne til know about R12
kjerne [kjæ`rne] (ei) churn R15
kjerne (-et, -et) [kjæ`rne] churn R15
kjole (en) dress R13
kjær *adj.* dear R15, LL16
  ha kjær love R23
kjærlighet [kjær`li/he˙t] (en) love R23
kjøkken [kjøk´ken] (et) kitchen R13
kjøkkenutstyr [kjøk´ken/utsty˙r] (et) kitchen equipment 18.17
kjølig [kjø`li] *adj.* cool R24
kjøpe (-te, -t) buy 4.20
kjøre (-te, -t) [kjø`rte, kjø´rt] drive, ride (in a vehicle) 5.28
kjøtt (et) meat 9.15
kjøttforretning [kjøtt`/fåret˙ning] (en) meat store 18.23
kjøttkake [kjøtt`/ka˙ke] (ei) meat ball 18.38
klage (-et, -et) complain 15.23
  klage over complain about LL23
klar *adj.* clear 10.2; ready 17.40
klare (-te, -t) [kla`rte, kla´rt] manage, make out 13.5
klarvær [kla`r/væ˙r] (et) clear weather R24
klasse (en) class; grade 6.22
kle (-dde, -dd) dress, clothe 16.33
  kle seg dress 24.25
  kle på seg dress, get dressed 16.33
klima [kli´ma] (et) climate 10.6
klippe (-et, -et) cut 8.15
klok *adj.* wise R11[1]
  gjøre klokt act wisely R23
klokke [klåk`ke] (ei) clock, watch 8.36
  klokka (klokken) fem five o'clock 8.36
  hva er klokka (klokken) what time is it (*cf. Gram.* 9.1)
klær *pl.* clothes 8.26
knaus (en) large rock jutting out into the water R19
kne *pl.* **knær** knee R20
kniv (en) knife 9.33
koffert [kof´fert] (en) suitcase, trunk 13.4
koke (-te, -t) boil, cook R15
kolonial [kolonia´l] (en) grocery store (= **kolonialhandel**) 18.30
kolonialbutikk [kolonia´l/butikk˙] (en) grocery store 18.32
kolonialhandel [kolonia´l/han˙del] (en) grocery store 18.21
komme (kom, kommet) [kåm`me, kåmm´, kåm`met] come 2.2; get (to a place) 11.17 (*cf. Gram.* 23.3)
  komme fram get there, reach a destination 13.37 (*cf. Gram.* 23.3)
  komme igjen return R25[2]
  komme med bring 9.35
  komme på get on 19.12
  komme seg inn enter, get in R22
  komme for sent til toget miss the train 11.32
  komme til get to 21.2
  komme til å be going to, will, shall 15.40 (*cf. Gram.* 15.1)
  det kommer an på that depends on 18.2
konduktør [konduktø´r] (en) conductor (on a train) 11.38
kone (ei) woman, wife 2.18
konfekt [konfek´t] (en) chocolates 1.38
kong [kång] King (term of address) R23

konge [kång`e] (en) king 25.14 (R23)
kongefamilie [kång`e/fami˙lie] (en) royal family 25.26
kongelig [kång`eli] *adj.* royal R23
kongsgård [kång´s/gå˙r] (en) palace R23
kongstanke [kång´s/tang˙ke] (en) royal thought, idea R23
konsert [konsær´t] (en) concert 20.35
konsertsal [konsær´t/sa˙l] (en) concert hall 22.14
kontor [konto´r] (et) office LL13; R18
  på et kontor in an office R18
kontordame [konto´r/da˙me] (en) office girl 3.36
kontordør [konto´r/dø˙r] (ei) office door R16
kontorist [kontoris´t] (en) office worker R22
kontorsjef [konto´r/sje˙f] (en) office manager R22
kontortid [konto´r/ti˙d] (en) office hours R16
kopp [kåpp´] (en) cup 1.54
  en kopp kaffe a cup of coffee 1.54
korleis [kor´læis] (*New Norwegian*) = **hvordan** LL22
korn [ko´rn] (et) grain 15.22
kornsnø [ko`rn/snø˙] (en) granular snow R24
korridor [korrido´r] (en) corridor 1.14
kort [kår´t] (et) card 17.28
kort [kår´t] *adj.* short 7.24
koste (-et, -et) [kås`te] cost 1.38
kott [kått´] (et) closet, tiny room R19
kraft *pl.* **krefter** (en) power, strength R25[1]
kraftig [kraf`ti] *adj.* powerful, strong 20.26 (R15)
krans (en) wreath 25.5
krefter *cf.* **kraft**
krig (en) war 25.32 (R18)
Kringkastingen [kring`/kas˙tingen] the State Radio 19.27
krone (en) *krone,* unit of money 1.39
kropp [kråpp´] (en) body 16.16
kryss (et) cross-roads R12
krysse (-et, -et) cross R14
krystallkule [krystall´/ku˙le] (en) crystal ball R22
ku (ei) cow 15.19
kulde [kul`le] (ei) cold 24.28
kule (en) ball R22
kuling (en) gale R24
kulingbyge [ku`ling/by˙e] (en) gale with showers R24
kunne (*pres.* **kan** [kann]; **kunne, kunnet**) can, be able 1.22 (*cf. Gram.* 2.3)
kunst (en) art 21.14 (R18)
kunstner (en) artist 21.7
kupé [kupe´] (en) compartment 11.1
kusine [kusi`ne] (en) (female) cousin 20
kusma [kus´ma] (en) mumps 16.30
kvarter [kvarte´r] (et) quarter of an hour R22 (*cf. Gram.* 9.1)
kveld [kvell´] (en) evening 4.35
  i kveld this evening 4.35
  om kvelden in the evening 9.30
  i går kveld last evening R19
kvinne (en) woman R12
kvitt: bli kvitt get rid of 16.13
kyst [kjys´t] (en) coast R24
kyststrøk [kjys´t/strø˙k] (et) coastal district R24

L

la *cf.* **legge**
la (lot, latt) (older form **late**) let 3.3
  la oss det let's 5.26
  la drepe have killed R23
  late som pretend R14
labbe (-et, -et) pad along R12
lage (-et, -et) make, prepare 15.14
  lage til prepare, arrange
lagt *cf.* **legge**
lam [lamm´] (et) lamb R11[1]
land [lann´] (et) land, country 3.26
  her i landet in this country 14.13
  på landet to the country R20; in the country R21
landhandel [lann`/han˙del] (en) country store R14
landhandler [lann`/han˙dler] (en) country storekeeper R14
lang *adj.* long 12.6
  dagen lang all day long R21
  langt far 5.26
  langt på dag late in the morning R15
  i sju lange og sju breie for a long, long time R15
langrenn [lang`/renn˙] (et) cross-country ski race 24.33
langs *prep.* along (the side of) 11.14
langsom [lang`/såm˙] *adj.* slow 14.25
langtfra [lang´t/fra] *adv.* far from it R16
langtur [lang`/tu˙r] (en) long hike 18.40
  gå langtur take a long hike
lav *adj.* low 12.21
lavtrykk [la`v/trykk˙] (et) low-pressure area R24
le (lo, ledd) laugh R19
  le av laugh at R21

ledig [le`di] *adj.* vacant, free 4.1

lefse (en) *lefse* unleavened bread (in a shape of a large pancake) 15.13

lege (en) physician 3.31

legekontor [le`ge/konto˙r] (et) doctor's office 16.0

legge (la, lagt) [lak´t] lay 8.40

  legge igjen leave behind 9.36

  legge i vei start out, leave 13.20

  legge merke til notice 8.40

  legge ned place (e.g. a wreath) 25.5

  legge seg lie down, go to bed R19

legitimasjon [legitimasjo´n] (en) identification 17.12

lei (-t, -e) bored with, tired of R19; embarrassing R19

  det var leit that's too bad R13; it was embarrassing R19

leie (en) rent 4.10

  til leie for rent 4.10

leie (-de, -d) rent 4.5

  leie ut rent (out) 4.5

lek (en) game R18

leke (-te, -t) play 20.9

lekke (-et, -et) leak 6.12

lekse (en) lesson 1

lengde (en) length R25[1]

  i lengden in the long run R25[1]

lenge *adv.* (a) long (time) 2.34

  så lenge in the meantime 16.4; as long as R18

lenger [leng´er] *adv.* any longer, any more; farther 16.24

lengst *sup. adj.* longest, farthest 12.7

  lengst bak farthest back R22

lengte (-et, -et) long R17

  lengte etter long for R19

lerretsbukser [lær`rets/bok˙ser] *pl.* khaki trousers R20

lese (-te, -t) read; study 11.24

lesebriller [le`se/bril˙ler] *pl.* reading glasses R22

lett *adj.* easy, light 12.5

  ha lett for å be inclined to R21

lettskyet [lett`/sjy˙et] *adj.* partly cloudy R24

leve (-de, -d) live, exist R11[1]

levere (-te, -t) [leve´re] deliver 17.4

  levere fra seg hand over, leave 23.29

  levere inn hand in, drop off 17.4

li (en) mountain slope R *Appendix* 1[1]

ligge (lå, ligget) lie, be located; stay in bed 4.37

  ligge over på spend the night at 18.3

  ligge ute sleep outdoors 18.6

ligne (-et, -et) [ling`ne] resemble R13

  ligne på resemble R13

lik similar 2.20

  i like måte same to you, likewise 2.20

like (-te, -t) like 5.4

  like seg be enjoying oneself, like it 5.4

like *adv.* just as, right 4.25

  like gjerne, like godt just as well R17, R21

  like ved close by 20.40

  like ved siden av right next door 4.25

likeså [li`ke/så˙] *adv.* just as R23

likevel [li`ke/vell´] *adv.* anyway, after all, just the same (= **allikevel**) 10.27

liksom [lik´såm] *adv.* sort of, in a way R12

lille *cf.* **liten**

Lillebror [lil`le/bro˙r] 'Little Brother' R21

litegrann [lit`te/grann˙] *adv.* a little 16.25

liten, lite, små, lille *adj.* small, little 2.36 (*cf. Gram.* 11.1 for use of forms)

litt *adv.* a little 1.10

  om litt in a little while R23

litteratur [literatu´r] (en) literature 23.13

liv (et) life 19.40

livskunst [lif´s/kun˙st] (en) art of living R16

livsverk [lif´s/vær˙k] (et) life work R23

lo *cf.* **le**

logre (-et, -et) [låg`re] wag (a tail) R12

losji [losji´] (en) lodgings 12.35

lot *cf.* **la**

lov [lå´v] (en) permission 11.20

  få lov get permission, be allowed 25.32

  ha lov be allowed 11.20

love (-et, -et) [lå`ve] promise 8.36

lue (ei) cap 25.37

luft (en) air R25[1]

lukke (-et, -et) [lok`ke] close 15.37

lukt [lok´t] (en) smell, odor 15.32

lukte (-et, -et) [lok`te] smell 15.35

lunge [long`e] (en) lung 16.25

lure (-te, -t) [lu`rte, lu´rt]: **lure på** wonder 8.27

lyd (en) sound 14.37 (R11[2])

lykke (en) joy, luck R22

lyng (en) heather 12.25

lys *adj.* light, bright 10.13

lyse (-te, -t) light, illuminate R23

lysegrønn [ly`se/grønn˙] *adj.* light-green R21

lysegrå [ly`se/grå˙] *adj.* light-gray R16

lyst (en) desire 9.9

  ha lyst på want, like 9.9

  ha lyst til å want to, like to 20.19

lystspill [lys´t/spill˙] (et) comedy 23.8

lytte (-et, -et) listen 16.25 (LL1)

lærd [lær´d] *adj.* learned R22

lære (-te, -t) learn 10.30, teach 14.30
lærer (en) teacher 3.34
løp (et): **i løpet av** in the course of R22
løpe (løp, løpt) run R12
lørdag [lø´rda] Saturday 7
løve (en) lion R11[1]
lå *cf.* **ligge**
låne (-te, -t) lend, borrow 6.1
låve (en) hay barn 15.27 (R14)

M

magasin [magasi´n] (et) department store 7.2
mai [ma´i] May 25.8
Majorstua [majo´r/stu˙a] stop on Holmenkollen and Sognsvann lines 19.12
make (en) equal, like, mate 19.40
  maken til the likes of 19.40
makt (en) power 25.19 (R23)
mandag [man´da] Monday 7
mandel [man´del] (en) tonsil 16.32
  ta mandlene have one's tonsils removed 16.32
mange *adj.* many 1.30
  mange takk thank you very much 1.30
mann (en) *pl.* **menn** man, husband 14.31 (R13)
mannefall [man`ne/fall˙] (et) dying (of men) R23
mars [mar´s] March 24
marsjere (-te, -t) [marsje´re, -sje´rte, -sje´rt] march 25.25
maskin [masji´n] (en) machine 6.19
  skrive på maskin type 6.19
maskineri [masjineri´] (et) machinery 14.36
masse (en) lots, lots of 19.12
massevis [mas`se/vi˙s] *adv.* lots 13.35
  massevis av lots of 13.35
mast (en) mast 19.26
mat (en) food 3.1
  takk for maten phrase used by a guest to thank his host for a meal 3.1
matematikk [matematikk´] (en) mathematics R22
matematisk-naturvitenskapelig [matema´tisk-natu´r/vitenska˙peli] *adj.* mathematical-natural science 22.30
matvare [ma`t/va˙re] (en) foodstuff 18.24
mave (en) stomach R20
med [me´] *prep.-adv.* with 2.11
  med det samme right away 4.35; at the same time 6.39
  med en gang right away 13.18
  med et skip on a ship 3.17
  med vilje intentionally R16
  med visse mellomrum at certain intervals R22
  med vold by force R25[1]
  bli med, være med come along 4.15, 5.7
  gå med wear 25.37
  gå med paraply carry an umbrella 10.4
  ha med have, take along 18.11
  høre med til belong to R16
  komme med bring 9.35
  sitte inne med contain, possess R23
  ta det med ro take it easy 14.23
  ta med bring, take along 6.39
medisin [medisi´n] (en) medicine 16.38
medlem [me`d/lem˙] (et) member R22
meg *cf.* **jeg**
meget *adv.* very 2.16; much R18
meire (*New Norwegian*) = **mere** LL22
mektig [mek`ti] *adj.* powerful; filling 15.31
melde (-te, -t) [mel`le] report (to) R23
melk (en) milk 1.50
melkeforretning [mel`ke/fåret˙ning] (en) store selling dairy products LL18
mellom [mel´låm] *prep.* between 3.16 (**i mellom = mellom**)
  seg i mellom among themselves 24.38 (R23)
mellomrom [mel`låm/romm˙] (et) interval R22
  med visse mellomrom at certain intervals R22
men [menn´] *conj.* but 2.5
mene (-te, -t) mean 8.28 (*cf. Gram.* 11.2)
mening (en) idea, intention, purpose 18.12
menn *cf.* **mann**
menneske (et) human being, person, (*pl.*) people 21.20 (R13)
mens *conj.* while 3.24
meny [meny´] (en) menu 9.3
mer, mere [me´re] *adj.* more 7.38 (*cf. Gram.* 10.2)
merke [mær`ke] (et) note, notice 8.40
  legge merke til notice 8.40
merke (-et, -et) [mær`ke] mark 13.34; notice R21
  merke opp mark 13.34
merkelig [mær`keli] *adj.* strange, remarkable 13.38 (R12)
meslinger [mes`linger] *pl.* measles 16.30
mest *adj.* most 12.24; *adv.* mostly 15.26
  det meste most (of) 18.22
  for det meste mostly 12.24

meter [me´ter] (en) meter 12.19
  meter over havet (m.o.h.) meters above sea level 12.19
mi *cf.* **min**
middag [mid´dag] (en) dinner 1.47
  til middags to dinner R15
middagstid [mid´daks/ti˙d] (en) dinner time R15
midnatt [mid´/natt˙] (en) midnight R24
midt [mitt´] *adv.* in the middle 9.29
  midt i byen in the middle of the city 17.7
  midt på ettermiddagen in the middle of the afternoon 9.29
midtbygningen [mitt`/byg˙ningen] the middle building (of the University) 22.15
midten [mit´ten] the middle 22.4
midtre [mit`re] *adj.* middle R24
midtsommer [mitt`/såm˙mer] (en) mid-summer R16
mild [mill´] *adj.* mild 3.12
min [minn´], **mi, mitt, mine** *poss.* my, mine 2.10
mindre [min´dre] *adj.* less, smaller 10.26
minimum [min´nimum] *adj.* minimum R24
minimumstemperatur [min´nimums/temperatu˙r] (en) low temperature R24
minne (-te, -t) remind 14.26 (R11[1])
  minne på, minne om remind of 14.26
  minnes remember, pay tribute to R25[2]
minst *adv.* at least 2.37
minus [mi´nus] *adj.* minus R24
minutt [minutt´] (et) minute 5.27
miste (-et, -et) lose 6.15
mitt *cf.* **min**
moderasjon [moderasjo´n] (en) discount 22.13
mogleg (*New Norwegian*) = **mulig** LL22
Monolitten [monolit´ten] the Monolith (in Frognerparken) 21.19
mor (en) mother 2.15
morgen [må`ern] (en) morning 1.3
  i morgen tomorrow 10.34
  i morgen tidlig tomorrow morning 4.36
  om morgenen in the morning 19 (R15)
morges [mår`res] *adv.*: **i morges** this morning 6.15
morn [mår´n] *excl.* hello 1.2
  morn morn hi there 5.1
  morn da goodbye, so long 1.20
moro [mor`ro] (en) fun 24.18 (R14)
morsom [mor`såm] *adj.* amusing, entertaining 5.17
  ha det morsomt have fun R17
  være morsomt be fun 18.6
  noe av det morsomste jeg vet more fun than just about anything 18.13
mot *prep.* toward, against 4.22
  vende mot face 4.22
  tvert imot quite to the contrary R21 **(imot = mot)**
motsatt [mo´t/satt˙] *adj.* opposite 8.25
mulig [mu`li] *adj.* possible 4.37
munn (en) mouth R17
museum [muse´um] *pl.* **museer** [muse´er] (et) museum 5.24
musikk-korps [musikk´/kår˙ps] (et) band 25.26
mye *adv.* much 1.42
  nokså mye quite a bit 12.22
mykje (*New Norwegian*) = **mye** LL22
møblert [møble´rt] *adj.* furnished 4.11
mørkebrun [mør`ke/bru˙n] *adj.* dark brown R19
møte (et) meeting R22
møte, (-te, -t) meet 2.24 (*cf. Gram.* 11.2)
møte-arrangør [mø`te/arangsjø˙r] (en) arranger of meetings R22
må *cf.* **måtte**
mål (et) goal 21.20
måltid [mål`/ti˙d] (et) meal 9.26
månad (*New Norwegian*) = **måned** LL23
måned [må`net] (en) *pl.* **måneder** [må`nter] month 4.29
månedslønn [må`nets/lønn˙] (ei) monthly wages R20
måte (en) manner, way 2.20
  i like måte same to you, likewise 2.20
måtte (*pres.* **må; måtte, måttet**) have to, must 1.11 (*cf. Gram.* 2.3)

N

nabo [na`bo] (en) neighbor R25[1]
nabolag [na`bo/la˙g] (et) neighborhood 18.14
naiv [nai´v] *adj.* naive R13
naken *adj.* naked R19
nakke (en) neck R15
  ta på nakken shoulder R19
nasjonal [nasjona´l] *adj.* national 24.24
nasjonaldag [nasjona´l/da˙g] (en) Independence Day 25
Nationaltheatret [nasjona´l/tea˙tre] the National Theater (in Oslo) 17.10
natt (ei) *pl.* **netter** [net´ter] night 4.38
  i hele natt all night 5.5
  i natt tonight 18.25, last night R24
  om natten at night R20
nattetime [nat`te/ti˙me] (en) nocturnal hour R23

natur [natu´r] (en) nature 19.10
naturligvis [natu´rli vi´s] *adv.* naturally 15.33 (R11[1])
navn (et) name R19
navnløs [nav`n/lø˙s] *adj.* nameless, anonymous R25[1]
ned [ne´d] *adv.* down (motion) 12.31 (*cf. Gram.* 8.2; 19.2)
nede *adv.* down (location) 5.16 (*cf. Gram.* 8.2; 19.2)
nedgravd [ne´d/grav˙d] *adj.* buried 20.23 (*cf.* **å grave ned**)
nedom [ne`d/åm] *adv.* down to R17
nedover [nedd´/å˙ver] *prep.-adv.* down (along) 17.6 (R16) (*cf. Gram.* 19.2b)
nei *interj.* no 1.10; oh, my, well 6.15, 19.35
  nei da no indeed 15.37
  nei vel all right, O.K. (after a negative) 16.37
neimen *adv.* certainly, surely (not) 13.12
nemlig [nem`li] *adv.* that is, you see R14
nese (en) nose R16
nest *adj.* next 9.26
  neste gang the next time R22
nesten *adv.* almost 10.31
nett (*New Norwegian*) = **nettopp** LL22
netter *cf.* **natt**
nettopp [net´tåp] *adv.* just (now) 2.2
nevø [nevø´] (en) nephew R22
ni *num.* nine 7.19
niende [ni´ene] *ord.* ninth 9
nikke (-et, -et) nod R12
niste (en) food pack R19
nitten *num.* nineteen 25.14
nittende *ord.* nineteenth 19
nitti [nit`ti] *num.* ninety 17.30
nittiøres [nit´ti/ø˙res] *adj.* ninety-*øre* 17.31
noe *adv.* somewhat, a little 16.22
noen, noe, noen *pron.* some(one), something; any, anything 1.32 (*cf. Gram.* 11.1)
  noen få a few R19
  noen gang ever 3.14
  noe annet something else, anything else 7.28
  noe i veien something wrong 14.38
  ikke noe nothing 1.32
  ikke noe særlig not especially 2.27
  hva er . . for noe what's 17.36
nok [nåkk´] *adv.* enough 6.10; I guess, surely 18.33 (R11[1]) (*cf. Gram.* 18.2)
  nok av enough R18
noko (*New Norwegian*) = **noe** LL22
nokså [nåk´så] *adv.* quite 4.18
nord [no´r] *adv.* north R24, LL20
nordaust [noræu´st] *adv.* northeast R24
nordlig [no`rli] *adj.* northerly R24
nordmann [norr´/mann˙] (en) *pl.* **-menn** Norwegian 10.31
Nordmarka [no`r/mar˙ka] Oslo's forested recreational area 18
Nord-Norge [no`r/når˙ge] North Norway R24
nordside [no`r/si˙de] (en) north side 19.25
nordvest [norves´t] *adv.* northwest R24
Norge [når`ge] Norway 2.8
norsk [når´sk] *adj.* Norwegian 1.9
november [novem´ber] November 10
null (et) zero R24
nummer [nom´mer] (et) number; size 4.6
ny (-tt, -e) *adj.* new 4.19
  på ny anew R25[1]
nybakt [ny`/bak˙t] *adj.* freshly baked R16
nynorsk [ny`/når˙sk] (en) New Norwegian (*cf. Gram.* 22.2) 22.35
nysnø [ny`/snø˙] (en) fresh snow R24
nytt *cf.* **ny**
nyttig [nyt`ti] *adj.* useful 11.28
nyttår [nytt´/å˙r] (et) New Year 24.6
nyttårsselskap [nyt´tårs/selska˙p] (et) New Year's Eve party 24.18
nær *prep.* near 5.15
nærme (-et, -et) approach R12
  nærme seg approach R12
nærmere *adj.* nearer, closer LL24
nærmest [nær´mest] *adj.* nearest, closest 13.24
nærmest *adv.* closest to R24
nød (en) need R25[1]
nødvendig [nødven´di] *adj.* necessary 16.34
nøyaktig [nøyak´ti] *adv.* exactly, precisely R22
nøye *adv.* carefully, closely R21
nå (-dde, -dd) reach 11.40; attain 21.20
  nå igjen catch up with, overtake R15
nå *adv.* now 1.36; well 5.3; after all R22 (*cf. Gram.* 18.2)
når [nårr´] *adv.-conj.* when 4.34
  når som helst any time at all 10.3
nåtid [nå´/ti˙d] (en) present R11[1]

O

ofte [åf`te] *adv.* often 2.10
og [å´, å´g] *conj.* and 1.7; also 15.16 (R11[2])
  og så videre etcetera 18.38
også [ås´så] *adv.* also 2.16
oktober [åktå´ber] October 10
olding [ål`ding] (en) old person 21.12

om [åmm´] *prep.-adv.* about, around 2.10; (with expressions of time) in, during, per (*cf. Gram.* 10.1) 9.30
om og om igjen again and again R22
gripe om armen grasp by the arm R23
minne om remind of 14.26
se seg om look around 11.36
enig om in agreement, agreed R21
side om side side by side R11[1]
trangt om plassen crowded 19.17
om [åmm´] *conj.* if, whether 7.17 (*cf. Gram.* 13.2)
selv om even if R19
som om as if R12
ombord [åmbo´r] *adv.* aboard 20
ombord på aboard 20
omkring [åmkring´] *adv.* around 3.26
omtrent [åmtren´t] *adv.* about, approximately 14.17
ond [onn´] *adj.* evil, bad R23
ondskap [onn´/ska˙p] (en) evil R22
onkel [ong´kel] (en) uncle R21
onsdag [on´sda] Wednesday 7
operere (-te, -t) [åpere´re] operate (on) 16.31
opp [åpp´] *adv.* up (motion) 4.15 (*cf. Gram.* 8.2)
oppdage (-et, -et) [åpp´/da˙ge] discover 25.32
oppe [åp`pe] *adv.* up (location) 12.27 (*cf. Gram.* 8.2 and 19.2a)
oppholdsvær [åpp`håls/væ˙r] (et) non-rainy weather R24
opplysning [åpply´sning] (en) information R22
oppmerksom [åppmær´kssåm] *adj.* attentive, aware R24
oppmerksom på aware of R24
oppover [åpp´/å˙ver] *prep.-adv.* up, upwards 19 (R17)
opprinnelig [åpprin´neli] *adv.* originally 22.36
opptatt [åpp´/tatt˙] *adj.* occupied, busy 4.2
opptil [åpp`/till˙] *prep.* up to R21; as many as R23; as much as R24
ord [o´r] (et) word 22.35 (R20)
orden [år´d^{e}n] (en) order, arrangement R16
alt i orden everything fine, O.K. R16
i tur og orden one after the other R17
få i orden straighten out, get in order R19
ordentlig [år´ntli] *adv.* really R11[2]
ordne (-et, -et) [år`dne] arrange 18.26, take care of 17.23
Oslofjorden [os`lo/fjo˙^{e}rn] the Oslo Fjord 22.11
oslofolk [os`lo/fål˙k] (et) people living in Oslo 19.10
oss *cf.* **vi**
ost (en) cheese 15.14
ovenfor [å`ven/fårr˙] *prep.* above 12.20
ovenpå [å`ven/på˙] *adv.* upstairs 6.3
over [å`ver] *prep.-adv.* over 5.10; (in expressions of time) past (*cf. Gram.* 9.1)
over havet above sea level 12.19
ligge over spend the night 18.3
et kart over a map of 5.10
overfor [å`verfår] *prep.* opposite, facing R21
overleve (-de, -d) [å`ver/le˙ve] survive R11[2]
overnatte (-et, -et) [å`ver/nat˙te] spend the night 12.33
overvann [å`ver/vann˙] (et) surface water (on top of ice) R24

P

pakke (en) package 17.25
pakke (-et, -et) pack 14.3
pakke ferdig finish packing 14.3
pakke inn wrap up R14
papir [papi´r] (et) paper 6.2; *pl.* securities, stocks R18
papptallerken [papp´/talær˙ken] (en) paper plate 18.19
par [parr´] (et) a couple (of) 1.48
paraply [paraply´] (en) umbrella 10.4
park (en) park 5.20
parkett [parkett´] (en) orchestra seats (behind front section) 23.21
parktante [par´k/tan˙te] (ei) 'park aunt' (*cf.* 21.34) 21.32
pass (et) passport 17.13
passe (-et, -et) fit, be suitable 7.23; take care of, watch 21.34
passe på watch, guard R12
passe seg watch out, look out 14.21
det passer bra that's fine 17.25
passere (-te, -t) [pase´re, pase´rte, pase´rt] pass R16
passere revy march past R16
pen *adj.* nice, pretty 7.21
penger *pl.* money 17.21
penn (en) pen 6.12
per [pærr´] (*abbr.* **pr.**) per 17.30
perrong [pærång´] (en) platform 11.36
personlig [pærso´nli] *adj.* personal R22
pike (en) girl 6.28
pille (en) pill 16.39
pipe (ei) pipe 3.6; chimney R15
plante (en) plant 13.40

plass (en) place 2.30; seat R17; square (street intersection) 20 (R16); small farm R14
ta plass all aboard 11.38
trangt om plassen crowded 19.17
plassbillett [plass´/bilett˙] (en) seat ticket, seat reservation 11.16
plassere (-te, -t) [plase´re] place R22
pleie (-de, -d) be accustomed, be used to 9.23
plen (en) lawn R21
plikt (en) duty R22
pluss *adj.* plus R24
plutselig [plut`s^{e}li] *adv.* suddenly R19
poeng [påeng´] (et) point 24.30
polferd [po`l/fær˙d] (en) polar expedition 20.18
populær [populæ´r] *adj.* popular 7.31
port (en) gate 21.1
portier [portie´] (en) hotel clerk 4
porto [por´to] (en) postal rate, postage 17.27
postkontor [pås´t/konto˙r] (et) post office 17.24
potet [pote´t] (en) potato 9.16
praktfull [prak`t/full˙] *adj.* wonderful 19.1
praktisk [prak´tisk] *adj.* practical 18.33
prate (-et, -et) chat 3.3
prate i vei chat away R20
presentere (-te, -t) [presangte´re] present, introduce 2.17
presentere for introduce to LL20
press (en) press R16
presse (-et, -et) press 8.34
primus [pri´mus] (en) camping stove 18.12
prins (en) prince 26.17
pris (en) price 4.7
sette pris på appreciate 25.40
privat [priva´t] *adj.* private 24.40
professor [profes´sor, *pl.* professo´rer] (en) professor 22.38
professor i professor of R22
program [programm´] (et) program 23.30
prosent [prosen´t] (en) percent R18
prøve (-de, -d) try 3.9
prøve på try on
puls (en) pulse 16.28
pussig [pus`si] *adj.* strange 20.15
pust (en) breath 16.26
trekke pusten breathe 16.26
puste (-et, -et) breathe 16.25
pølse (ei) sausage 24.26
varme pølser hot dogs 24.26
på *prep.-adv.* on, in, at 2.27; (in telling time) to 8.37 (*cf. Gram.* 9.1)
på den tiden at that time R22
på en annen måte in another way R21
på en gang at one time 18.27
på ett sted in one place 22.12
på gjensyn be seeing you 10.39
på himmelen in the sky 24.1
på landet to the country R20; in the country R21
på ny anew R25[1]
bære på carry 18.8
fylle bensin på tanken fill the gastank
gå på (kino, universitetet) go to 6.23
gå på ski ski 10.25
ha lyst på want, wish 9.9
ha på seg wear
høre på listen to 16.25
kle på seg get dressed 16.33
komme an på depend on 18.2
ligge på be at an elevation of
lure på wonder 8.27
komme på avveier get lost R12
minne på remind of R11[1]
røre på seg move 25.4
se på look at 4.14
skrive på maskin type 6.19
stige på get on, enter 18.30
ta på seg put on 19.20
tenke på think about 8.26
vente på wait for 14.1
her på gården on this farm 15.12
ikke på (with expressions of time) not for R13 (*cf. Gram.* 10.1b)
med tanke på dette with this in mind R24
midt på in the middle of 9.29
ombord på aboard 20
resept på prescription for 16.38
senere på dagen later in the day 25.37
sikker på sure of, convinced R22
påske [på`ske] (en) Easter 10.33
påsketur [på`ske/tu˙r] (en) Easter trip (to the mountains) LL10

R

rad (en) row 23.24
radio [ra´dio] (en) radio R25[2]
i radioen on the radio R25[2]
rage (-et, -et) tower, rise 21.19
rakk *cf.* **rekke**
rakte *cf.* **rekke**
rar *adj.* strange 8.16
redd *adj.* afraid 16.27
redd for afraid (of) 16.27
regn [ræi´n] (et) rain 10.7
regnbyge [ræi`n/by˙e] (en) shower R24
[1]**regne** (-et, -et) [ræi`ne] rain 10.3

[2]**regne** (-et, -et) [ræi`ne] count R22
 regne opp enumerate R22
regning [ræi`ning] (en) check, bill 9.34
[1]**reise** (-te, -t) travel 3.26
 reise fra leave R13
[2]**reise** (-te, -t) raise R13
 reise seg get up R13
reisesjekk [ræi`se/sjekk˙] (en) traveler's check 17.11
rekke (en) row, series R18
[1]**rekke (rakk, rukket)** [rok`ket] reach, manage (to do) 19.24; 23.18
[2]**rekke (rakte, rakt)** stretch, reach, hand (over) R21
ren *adj.* clean, pure 8.31; sheer R22
renn (et) (athletic) meet LL24
renne (rant, rent) run R15
rense (-et, -et) clean 8.34
renseri [renseri´] (et) cleaners 8.33
repetisjon [repetisjo´n] (en) pattern practice 1
representant [representan´t] (en) representative 25.20
resept [resep´t] (en) prescription 16.38
 resept på prescription for 16.38
rest (en) rest 8.40
restaurant [restæurang´] (en) restaurant 1.23
rett (en) right 14.28 (R11[1])
 ha rett be right 14.28 (R11[1])
rett *adv.* right, straight 1.29
 rett fram straight ahead 1.29
 rett og slett simply R22
rettferdig [rettfær´di] *adj.* just R22
rettsinn [rett`/sinn˙] (et) justice R25[1]
retur [retu´r] (en) return trip 11.18
 tur retur round-trip ticket 11.18
revy [revy´] (en) revue 23.5 (R16)
 passere revy march past R16
rik *adj.* rich R19
rike (et) kingdom R23
Rikskringkasting [rik´s/kringkas˙ting] (en) National Broadcasting Service R24
riktig [rik`ti] *adj.* correct, right R22
riktig [rik`ti] *adv.* really, very 3.10
rimelig [ri`meli] *adj.* reasonable 4.7
ringe (-te, -t) ring 20.10
 det ringer på døren the doorbell rings R22
ro (en) quiet, rest 14.23
 holde seg i ro take it easy 16.36
 ta det med ro take it easy 14.23
rolig [ro`li] *adj.* quiet, calm R12
rolle [rål`le] (en) role 14.8
 det spiller ingen rolle it makes no difference 14.8

rope (-te, -t) call 11.38
 rope heim til middags call to dinner R15
rug (en) rye 15.26
rukket *cf.* **rekke**
rund [runn´] *adj.* round R20
rundt [run´t] *prep.-adv.* around 10.14
 døgnet rundt around the clock 10.14
 året rundt year round 13.31
rusle (-et, -et) stroll R14
russ (en) members of the graduating class of *gymnasium* 25.34
russetog [rus`se/tå˙g] (et) parade by the graduating class 25.37
russisk [rus´sisk] *adj.* Russian 14.20
rute (en) route, schedule LL11
 i rute on schedule LL11
rutebok [ru`te/bo˙k] (ei) book of time tables 11.25
rygg (en) back R12
ryggsekk [rygg`/sekk˙] (en) knapsack 19.20
rød (-t, -e) [rø´, røtt´, rø`e] *adj.* red 13.32 (R11[2])
rødkinnet [rø`/kjin˙net] *adj.* red-cheeked R21
rødvin [rø´/vi˙n] (en) red wine 9.11
røke (-te, -t) smoke 3.6
røkekupé [rø`ke/kupe˙] (en) smoker's compartment (on a train) 11.21
rømmegraut [røm`me/græu˙t] (en) cream porridge 15.31
røre (-te, -t) stir 25.4 (R15)
 røre på seg move 25.4
råd (et) advice 16.40; means R18
 gi et råd give advice, advise R23
 ha råd til be able to afford R18
rådhus [rå`d/hu˙s] (et) city hall 20.1
Rådhusplassen [rå`dhus/plas˙sen] the City Hall Square (in Oslo) 20

S

sa, sagt *cf.* **si**
sakte *adv.* slowly R12
sal (en) hall R22
samhold [sam`/håll˙] (et) unity R25[1]
samle (-et, -et) collect 22.7
 samle sammen collect, gather up R22
samling (en) collection R22
samme *adj.* same 4.35
 det samme the same 7.17
 i det samme just then R15
 med det samme right away 4.35; at the same time 6.39
sammen [sam´men] *adv.* together 5.23
 til sammen (all) together 13.10

samskipnad [sam`/sji'pna] (en) association 22.35
samtale [sam`/ta'le] (en) conversation R21
samtaleøvelse [sam`ta'le/ø'velse] (en) conversation practice 1
samtidig [samti'di] *adv.* simultaneously R18
samvær [sam`/væ'r] (et) company 10.39
  takk for samværet thanks for your company 10.39
sandkasse [sann`/kas'se] (en) sand box 21.36
sang *cf.* **synge**
sang (en) song 24.13
Sankt Hans [sangthan's] Midsummer
sann *adj.* true 5.37
  ikke sant don't you agree, isn't that so 5.37
sannhet [sann'/he't] (en) truth R23
sannsynligvis [sansy'nli/vi's] *adv.* probably 7.18
satt *cf.* **sitte**
satt, satte *cf.* **sette**
sau (en) sheep 15.21
scene [se`ne] (en) stage 23.15
se (så, sett) see 4.14
  se etter check 14.39 (R12)
  se på look at 4.14
  se seg om look around 11.36
  se . . ut appear, look 6.34
  stort sett for the most part 22.29
seddel, *pl.* **sedler** [sed'del, sed'ler] (en) bill (of currency), bank note 17.15
seg [sæi'] *refl. pron.* himself, herself, themselves 6.27 (*cf. Gram.* 6.5)
seier [sæi'er] (en) victory R25[1]
seierstro [sæi'ers/tro'] (en) faith in victory R25[1]
seile (-te, -t) sail 3.16
seire (-et, -et) win, be victorious R22
seirende [sæi`rene] *adj.* victorious R25[2]
sekretær [sekretæ'r] (en) secretary R22
seks *num.* six 8.36
seksten [sæi`st^{e}n] *num.* sixteen 3
sekstende [sæi`st^{e}ne] sixteenth 16
seksti [sek'sti] *num.* sixty 3
sekund [sekunn'] (et) second R17
selge (solgte, solgt) [sel`le, sål`te, sål't] sell 7.35
selskap (et) [sel`/ska'p] party LL24
selv [sell'] *pron.* -self 4.40
  for seg selv by herself R21
  selv takk same to you 4.40
  selv om *conj.* even if R19
selvbetjeningsbutikk [sell'betje'nings/butikk'] (en) self-service store 18.31
selve *adj.* (it)self R19
  selve sommeren summer itself R19
  på selve kulen from the knob itself R22
selvfølgelig [sellføl'geli] *adv.* of course 4.27
selvstendig [sellsten'di] *adj.* independent 25.11
sende (-te, -t) [sen`ne] send 8.29; deliver 8.36; pass 9.22
senderantenne [sen`ner/anten'ne] (en) radio broadcasting antenna 19.27
senere *adv.* later 10.37(9)
seng (ei) bed 4.18
  holde senga stay in bed 16.34
sent [se'nt] *adv.* late 11.32
  komme for sent til toget miss the train 11.32
sentrum [sen'trum] (et) downtown 19.8
september [septem'ber] September 10
serleg [sæ`rleg] (*New Norwegian*) = **særlig** LL22
servere (-te, -t) [særve're] serve (food) 12.13
servering [særve'ring] (en) (food) service 23.40
sete (et) seat R21
seter [se'ter] (ei) summer farm (in the mountains) 15.20
sett *cf.* **se**
sette (satte, satt) set, put, place 11.2
  sette etter set (out) after R15
  sette inn i familiarize with, indoctrinate R22
  sette opp increase R18
  sette pris på appreciate 25.40
  sette seg sit down 11.2
si (sa, sagt) [sak't] say 1.14; tell 1.28
  du sier ikke det you don't say 21.40
  som sagt, så gjort no sooner said than done R21
side (en) side 4.25
  (like) ved siden av (right) next door 4.25
  side om side side by side R11[1]
siden [si`d^{e}n] *adv.-conj.* since, ago 3.19; then 20.20 (*cf. Gram.* 12.1e)
  for . . siden ago 3.19
  lenge siden long ago R22
  lenge siden sist a long time since the last time 15.1
sigar [siga'r] (en) cigar 3.5
sigarett [sigarett'] (en) cigarette 11.22
sikker [sik'ker] *adj.* sure, safe 4.32
  sikker på sure of, convinced R22
sikkerhet [sik'ker/he't] (en) security R23
sikt (en) sight; visibility R24
silkeføre [sil`ke/fø're] (et) powder snow conditions R24

sin [sinn], **si, sitt, sine** *refl. poss.* his, her, their (own) 6.27 (*cf. Gram.* 6.6)
sint *adj.* angry R12
sist *adj.* last 11.6
 takk for sist thanks for the last time 11.6
 i siste øyeblikk at the last moment 11.40
 i det siste lately LL25
 lenge siden sist a long time since the last time 15.1
 til sist at last R15
sitt *cf.* **sin**
sitte (satt, sittet) sit 3.3
 sitte fast be stuck R15
 sitte inne med contain, possess R23
sitteplass [sit`te/plass˙] (en) seat 11.1
sjekk (en) check LL17
sjel (en) soul R23
sjelden *adv.* seldom 14.31 (R12)
sjette *ord.* sixth 6
sju *num.* seven 1; **i sju lange og sju breie** a long, long time R15
sjuende [sju´ene] *ord.* seventh 7
sjø (en) sea, (large) lake 10.22
sjøl *cf.* **selv**
sjøl takk (*New Norwegian*) = **selv takk** LL23
sjømann [sjø`/mann˙] (en) sailor R25[2]
sjøsyk [sjø`/sy˙k] *adj.* sea-sick 2.27
sjå (*New Norwegian*) = **se** LL22
skal *cf.* **skulle**
skald (en) poet R23
skaldetanke [skal`de/tang˙ke] (en) poetic thought R23
skaldskap [skal`d/ska˙p] (en) poetic art R23
skape (-te, -t) create R25[1]
skareføre [ska`re/fø˙re] (et) crusted snow conditions R24
skarp *adj.* sharp R16
ski [sji´] (en) ski 10.25
 gå på ski ski 10.25
skibakke [sji´/bak˙ke] (en) ski hill 19.36
Skiforeningen [sji´/fåre˙ningen] the Skiing Association 18.3 (= **Foreningen til Skiidrettens Fremme,** *cf.* R24)
skilles (-tes, -tes) [sjil`les] get divorced
 skilt divorced R13
skip [sji´p] (et) ship 3.17
 seile med et skip sail on a boat 3.17
skitrekk [sji´/trekk˙] (et) ski lift 19.35
skitt [sjitt´] (en) dirt R21
skitten [sjit`ten] *adj.* dirty 8.30
skje (-dde, -dd) [sje´, sjed`de, sjedd´] take place, happen R21
skjorte [sjor`te] (en) shirt 8.38
skjønn [sjønn´] *adj.* beautiful 10.19
skjønne (-te, -t) [sjøn`ne] understand 21.13 (R14)
skjønt [sjøn´t] *conj.* although R22
skjøv *cf.* **skyve**
sko *pl.* **sko** (en) shoe R16
skog (en) forest 12.22 (R11[2])
skogslende [skok´s/len˙ne] (et) forest terrain R24
skogsti [sko`g/sti˙] (en) forest path R14
skole (en) school 24.39 (LL 11)
 de høyere skolene the secondary schools 25.34
skosnute [sko´/snu˙te] (en) shoe tip R21
skrev, skrevet *cf.* **skrive**
skrike (skrek, skreket) scream, cry R21
skritt (et) step R12
skrive (skrev, skrevet) write 3.24
 skrive på maskin type 6.19
skrivemaskin [skri`ve/masji˙n] (en) typewriter 6.18
skrivepapir [skri`ve/papi˙r] (et) writing paper 6.6
skuespill [sku`e/spill˙] (et) play 8.10
skuespiller [sku`e/spil˙ler] (en) actor 23.34 (R18)
skuespillerinne [sku˙espillerin`ne] (en) actress 23.36
skulle (*pres.* **skal** [skall´], **skulle, skullet**) shall, is going to, will 1.35; is supposed to 22.14 (*cf. Gram.* 2.3)
 jeg skal ha, jeg skulle ha I'd like 1.35, 1.36
skulptur [skulptu´r] (en) sculpture 20.7
skvette (skvatt, skvettet) jump, start R17
sky [sjy´] (en) cloud 24.1
skydekke [sjy`/dek˙ke] (en) cloud cover R24
skyet [sjy`et] *adj.* cloudy R24
skynde (-te, -t) [sjyn`ne] **seg** hurry 11.35
skyve (skjøv, skjøvet) [sjy`ve, sjø´v, sjø`vet] shove R18
skøyte [sjøy`te] (en) skate 10.27
 gå på skøyter skate 10.27
skøytebane [sjøy`te/ba˙ne] (en) skating rink 21.29
slag (et) blow R22
slags [slak´s] (en, et) kind of 3.7
 hva slags what kind of 3.7
 hvor mange slags how many kinds of 13.38
slalåm [sla`/lå˙m] (en) slalom 24.33
slapp *cf.* **slippe**
slapp *adj.* relaxed R20
slett *adv.* completely 4.31
 slett ikke not at all 4.31
 rett og slett simply R22
slik (-t, -e) *adj.* such, like that 16.36; 20.25

slikt such things, things like that 16.36, 17.38
slik *adv.* thus, like that 21.11 (R13)
slippe (slapp, sluppet) [slop`pet] avoid, get out of 5.36; drop, release, let go R15
slippe inn let in R22
slips (et) tie 8.39
slott [slått´] (et) palace 25.25
sluddbyge [sludd`/by˙e] (en) sleet shower R24
sluppet *cf.* **slippe**
slutt (en) end 24.2 (R21)
bli slutt på be an end to 24.2
til slutt at last R21
slutt *adj.* ended R22
slå (slo, slått) strike, hit R15
slå fast determine, substantiate R22
slå over ende knock over R15
slåss fight R25[2]
smak (en) taste LL15
smake (-te, -t) taste 9.14
smake på taste, savor R19
smal *adj.* narrow 14.10 (R12)
smelte (-et, -et) melt 13.30
smil (et) smile R21
smile (-te, -t) smile R12
smør [smørr´] (et) butter 18.34 (R15)
smørbrød [smør´brø] (et) sandwich 1.48
smørbrødliste [smør´brø/lis˙te] (en) sandwich list 9.4
smøre (smurte, smurt) [smø`re, smu`rte, smu´rt] grease, wax R24
små *cf.* **liten**
småbarn [små`/ba˙rn] (et) pre-school child 21.34
småbåt [små`/bå˙t] (en) small boat R19
småkake [små`/ka˙ke] (ei) cookie R13
småpenger [små`/peng˙er] *pl.* change 17.18
småsove [små`/så˙ve] **(-sov, -sovet)** nap, doze R20
småting [små`/ting˙] (en) little thing R13
snakk (et) talk R14
snakke (-et, -et) speak, talk 1.9
snart [sna´rt] *adv.* soon 9.13
så snart (som) as soon as 9.13
ikke så snart no sooner than R21
snart . . snart . . first . . then R19
snarvei [sna`r/væi˙] (en) shortcut R12
sne *cf.* **snø**
snill *adj.* nice, kind 2.24
er du (De) snill please 9.22
snu (-dde, dd) turn R12
snu på turn R12
snute (en) snout R22
snø (en) snow 10.25 (*also* **sne**)
snø (-dde, -dd) snow 10.26
snøbyge [snø`/by˙e] (en) snow flurry R24
Sognsvannsbanen [sång´nsvanns/ba˙nen] the Sognsvann (streetcar) line 22.10
sol (ei) sun 4.21
solbrent [so`l/bren˙t] *adj.* sun-burned R20
sole (-te, -t) **seg** sunbathe 21.30
solgangsvind [so`lgangs/vinn˙] (en) evening (sunset) wind R20
solskinn [so`l/sjinn˙] (et) sunshine R23
solsystem [so`l/syste˙m] (et) solar system R16
som [såmm´] *rel. pron.* who, which, that 3.34
som [såmm´] *conj.* as, like 2.36
som sagt, så gjort no sooner said than done R21
først som sist first as well as last, now as well as later R22
hva som what 8.18
når som helst any time at all 10.3
sommer som vinter both summer and winter
så . . som . . as . . as . . 4.37
sommer [såm`mer] (en) summer 10.9
om sommeren in the summertime 10.9
sommerlig [såm`merli] *adj.* summery R17
sommernatt [såm`mer/natt˙] (ei) summer night R20
sommervær [såm`mer/væ˙r] (et) summer weather R16
sorg [sår´g] (en) sorrow 21.12
sove (sov, sovet) [så`ve, så`v, så`vet] sleep 5.5
sovepose [så`ve/po˙se] (en) sleeping bag 18.9
sovevogn [så`ve/vång˙n] (ei) sleeping car, sleeper 11.30
sovne (-et, -et) [såv`ne] go to sleep R19
spark (et) kick R15
sparke (-et, -et) kick 24.35
sparke fotball play soccer 24.35
spasere (-te, -t) [spase´re] stroll, walk 25.2
spekekjøtt [spe`ke/kjøtt˙] (et) dried mutton 15.16
spesielt [spesiel´t] *adv.* especially R24
spille (-te, -t) play, perform 14.8
det spiller ingen rolle that makes no difference 14.8
spise (-te, -t) eat 1.46
spisevogn [spi`se/vång˙n] (ei) diner 12.11
spiss (en) point 25.27
i spissen in front, at the head 25.27
spiss *adj.* pointed 20.16
sport [spår´t] (en) sport(s), athletics 24.36
sportsklubb [spår´ts/klubb˙] (en) athletic club 24.40

sprang *cf.* **springe**
spredd *adj.* scattered 22.7
spredd over scattered around 22.7
springe (sprang, sprunget) [sprong`et] run 11.39
sprøyte (en) injection 16.35
språk (et) language 22.26
spørre (spurte, spurt) [spu`rte, spu´rt] ask 8.23
spørre om ask about R12
stabbur (et) store-house 15.15
stakk *cf.* **stikke**
stakkars *adj.* poor, unfortunate R18
stanse (-et, -et) stop 5.30
stasjon [stasjo´n] (en) station 1.28
stasjonsmester [stasjo´ns/mes˙ter] (en) station master R14
stativ [stati´v] (et) rack, stand 19.15
statsbane [sta´ts/ba˙ne] (en) state-owned railroad 11.11
statue [sta´tue] (en) statue 25.5
stavkirke [sta`v/kjir˙ke] (en) stave church 20.31
sted [ste´(d)] (et) place 2.29
dra av sted leave, set out 13.18
finne sted take place R22
til stede present 16.1
steg *cf.* **stige**
stein (en) stone, rock 5.5
steinete *adj.* rocky 13.27
stek (en) roast 9.14
steke (-te, -t) [stek`te, stek´t] fry R19
stekepanne [ste`ke/pan˙ne] (ei) frying pan 18.18
stelle (-te, -t) fix, arrange 14.33
stelle heime, stelle i huset take care of the house, run the home R15
stelle med take care of, fix up 14.33
sterk [stær´k] *adj.* strong 3.10
stevne (et) meet 24.40
sti (en) path 13.34
stige (steg, steget) climb, rise 18.30
stige over rise above R25[2]
stige på get on, enter 18.30
stigning [sti`gning] (en) rise, climb 19.7
stikke (stakk, stukket) [stok`ket] stick, thrust 16.26 (R14)
det stikker i brystet I have sharp pains in my chest 16.26
stil (en) style, form 24.30
stille *adj.* still, quiet R13
stillestående [stil`le/stå˙ene] *adj.* static R13
stillhet [still´/he˙t] (en) quiet, stillness R23
stirre (-et, -et) stare R12
stirre på stare at R12
stiv *adj.* stiff R24
stod *cf.* **stå**
stoff [ståff´] (et) material 7.34
stol (en) chair 4.17
stolt [stål´t] *adj.* proud 12.2
stor (-t [sto´rt], -e; **større** 20.26; **størst** 7.3) *adj.* large, big 3.23
stort sett for the most part 22.29
du store verden my heavens R21
den var det ikke stort ved there wasn't much to that R11[2]
sette større pris på appreciate more 25.40
storslagen [sto`r/sla˙gen] *adj.* tremendous 21.6
Stortinget [sto`r/ting˙e] the Norwegian national parliament 25.20
straks *adv.* immediately 14.3
stride (stred, stridd) fight R23
stripe (en) stripe R16
strøk (et) district R24
strøm [strømm´] (en) stream R19
strålende [strå`lene] *adj.* wonderful 10.12
student [studen´t] (en) student 6.24
Studentbyen [studen´t/by˙en] the 'Student City' (dormitories) in Oslo 22.22
Studenterlunden [studen´ter/lun˙nen] the 'Student's Grove,' a park in Oslo 17.6
studenterid [studen´ter/ti˙d] (en) student days R17
Studentsamskipnaden [studen´t/samsji˙pnaen] the Student Association (in Oslo) 22.31
studere (-te, -t) [stude´re] study 22.25
stue (en) living room 3.3; farm house R15
stund [stunn´] (ei) while 3.3
stupe (-te, -t) dive R19
stygg (-t [styk´t], -e) *adj.* ugly, nasty 15.32
hang så stygt til hung so awkwardly R15
stykke (et) piece 7.30; play, movie 8.8; a ways 18.15 (R14) (*cf. Gram.* 18.4)
atten kroner stykket 18 kroner apiece 7.30
styrke (en) strength R24
større, størst *cf.* **stor**
størsteparten [stør`ste/par˙ten] the largest share 13.14
støvel [støv`vel] (en) boot 13.26
stå (stod [sto´], **stått)** stand 1.5
stå i (en bok, en avis) be printed in 11.25
stå ned ski down LL19
stå opp get up, out of bed LL10
stå til tjeneste be of service 7.10

stå og henge hang around R18
hvordan står det til how are you 1.5
sukker [sok´ker] (et) sugar 9.22
sulte (-et, -et) starve 18.20
sulte i hjel starve to death 18.20
sulten *adj.* hungry 9.8
sunget *cf.* **synge**
sunn *adj.* healthy 13.29
sur sour; nasty, grouchy R11[2]
svak *adj.* weak R11[2]
svakhet [sva´k/he`t] (en) weakness R25[2]
sval *adj.* cool R20
svare (-te, -t) answer R21
svart *adj.* black R12
svelge (-et, -et) swallow 15.37
svenske (en) Swede R18
Sverige [svær´je] Sweden 25.14
sveve (-et, -et) float (through the air) R15
sving (en) curve 14.21
svær *adj.* huge 19.26
svært [svæ´rt] *adv.* very 5.9
svømme (-te, -t) swim 24.35
svømmebasseng [svøm`me/basseng`] (et) swimming pool 21.27
sydpå [sy´d/på`] *adv.* in the south R25[2]
sydside [sy`d/si`de] (en) south side R17
sydvendt [sy`d/ven`t] *adj.* facing south R24
syk *adj.* sick R19
sykdom [syk`dåm] (en) disease 16.29
sykehus [sy`ke/hu`s] (et) hospital 3.31
sykesøster [sy`ke/søs`ter] (en) nurse 16
sykkel [syk´kel] (en) tricycle, bicycle R21
sykle (-et, -et) ride a tricycle, bicycle R21
symbolisere (-te, -t) [symbolise´re] symbolize 21.20
symptom [sympto´m] (et) symptom 16.14
syn (et) sight R21
synd [synn´] (en) a shame 2.28; sin R23
det var synd that's too bad 2.28
synes [sy`nes, syn´s] think, be of the opinion 3.11 (*cf. Gram.* 4.4); be shown, appear R21
synge (sang, sunget) [song`et] sing 24.12 (R11[2])
synge med sing along LL24
sytten [søt`t^{e}n] *num.* seventeen 3
syttende [søt`t^{e}ne] *ord.* seventeenth 25.8
sytti [søt´ti] *num.* seventy 3
syv *num.* seven 1
syvende [sy´vene] *ord.* seventh 25.15
særlig [sæ`rli] *adv.* especially 2.27
ikke noe særlig not especially 2.27
søndag [søn´da] Sunday 7
sønn (en) son R23
sønnesønn [søn`ne/sønn`] (en) grandson R22
sør *adv.* south 4.23
sørlig [sø`rli] *adj.* southerly R24
sørover [sø´r/å`ver] *adv.* (to the) south 13.21 (*cf. Gram* 19.2b)
sørvest [sørves´t] *adv.* southwest R24
sørvestlig [sørves´tli] *adj.* southwesterly R24
søsken *pl.* brothers and sisters 3.33
søster (ei) sister 3.36; nurse 16
så *cf.* **se**
så *adv.-conj.* so, as, then 1.31 (*cf. Gram.* 16.3)
så . . (som) . . as . . as . . 4.37
så lenge in the meantime 16.4
så vidt barely 11.40
i så fall in that case 18.10
ikke så snart no sooner than R21
ja så oh 6.35
og så videre etcetera 18.38
vær så god here you are, you're welcome 1.31
så (-dde, -dd) sow 15.26
sånn *adj.* such, like that R14
sånt such things, things like that R16
sånn *adv.* thus, like that 21.39
sår *adj.* sore 16.24

T

T [te´] (en) T 13.32
ta (tok, tatt) take 1.40; have removed (by an operation) 16.32
ta av seg remove (clothing) 16.19
ta av på (en sti) take off on (a path) 19.34
ta det med ro take it easy 14.23
ta feil av mistake R13
ta helst prefer 9.20
ta imot accept, receive R21
ta inn på turn into R14
ta med take along, bring 6.39
ta opp av take out of, up from R22
ta plass all aboard 11.38
ta på seg put on 19.20
ta seg god tid take plenty of time
ta seg av take care of, tend to R21
ta til hatten touch the hat R18
[1]**tak** (et) hold 11.31
få tak i get hold of 11.31
[2]**tak** (et) roof R15
takk (en) thanks; thank you 1.6 (for additional phrases of thanking *cf. Gram.* 24.2)
takke (-et, -et) thank 1.32
takknemlig [takknem´li] *adj.* grateful R17
tale (-te, -t) speak R23
tale om talk about R23
tale ut express R23

talerstol [ta`ler/sto'l] (en) podium R22
tank (en) tank 14.5
  fylle bensin på tanken fill the gastank
tanke (en) thought R15
  med tanke på dette with this in mind R24
  han kom i tanker om it occurred to him R15
tankebarn [tang`ke/ba'rn] (et) brain child R23
tankefull [tang`ke/full'] *adj.* thoughtful R23
tankerekke [tang`ke/rek'ke] (en) series of thoughts R22
tatt *cf.* **ta**
taus *adj.* silent R23
taushet [tæu's/he't] (en) silence R25[1]
te (en) tea 1.55
teater [tea'ter] (et) theater 8.6
  gå i teatret go to the theater 8.6
telefon [telefo'n] (en) telephone 1.24
telle (talte, talt) count 21.22
telt (et) tent 18.7
temmelig *adv.* rather, quite 24.6
temperatur [temperatu'r] (en) temperature R24
temperaturendring [temperatu'r/en'dring] (en) change in temperature R24
tenke [-te, -t] think, consider; imagine 3.25 (*cf. Gram.* 4.4)
  tenke etter think about, reflect R19
  tenke på think about 8.25
  tenke seg think about, consider 7.12; imagine 15.7
  tenke seg om reconsider R23
  det kan jo tenkes that's a possibility R14
  jeg har tenkt å I've thought about, considered 3.25
tennisbane [ten'nis/ba'ne] (en) tennis court 21.28
terreng [tærreng'] (et) terrain 12.3
ti *num.* ten 1.39
tid (ei) time 9.27
  en tid a while R13
  en gang i tiden once upon a time R18
  en halv times tid about a half an hour R14
  hele tiden the whole time R14
  nå for tiden nowadays 18.32 (R13)
  på den tiden at that time R22
  følge med tiden keep up with the times R25[2]
  ha god tid have plenty of time 11.34
tidlig [ti`li] *adv.* early 4.36
  i morgen tidlig tomorrow morning 4.36
tiende [ti'ene] *ord.* tenth 10
til [till'] *prep.-adv.* to 1.27; in addition 1.14
  til daglig usually R22
  til dels partly R24
  til faste tider at definite hours
  til fjells to the mountains 10.33
  til frokost for breakfast 9.23
  til havs at sea R24
  til høsten in the fall 6.23
  til høyre to the right 1.27
  til . . kroner for . . *kroner* 7.30
  til leie for rent 4.10
  til middags for dinner R15
  til rimelige priser at reasonable prices 4.7
  til sammen (all) together 13.10
  til sist at last R15; **til slutt** finally R21
  til stede present 16.1
  til venn as a friend R23
  til ære for in honor of 25.6
  finne noe til find something for 15.16
  gå til happen R23
  kjenne til know about R12
  komme for sent til toget miss the train 11.32
  komme til å be going to, will, shall 15.40 (*cf. Gram.* 15.1)
  legge merke til notice 8.40
  stå til tjeneste be of service 7.10
  være glad til be contented R21
  av og til now and then, once in a while R12
  en gang til once more, again 1.14
  flink til å good at 10.28
  hvordan står det til how are you 1.5
  maken til the likes of 19.40
  plass til room for 22.24
til [till'] *conj.* until, before 25.1 (R14, LL13)
tilbake [tilba`ke] *adv.* back 3.29
  fram og tilbake back and forth 22.11 (R16)
  vende tilbake return R20
tilbakevei [tilba`ke/væi'] (en) return path 18.23
  på tilbakeveien on the way back 18.23
tilfelle [til'fel'le] (et) case, instance 19.25
  i tilfelle in case 19.25
tillatt [til'/latt'] *adj.* permitted 25.38
time [ti`me] (en) hour 8.21
  bestille time make an appointment 16.2
  en halv times tid about a half an hour R14
tindrende [tin`drene] *adj.* sparkling R16
ting (en) (*pl.* **ting**) thing 7.7
  en del ting a few things 7.7
tirsdag [ti'rsda, tir'sda] Tuesday 7.27
tjene (-te, -t) earn R18; serve R19
  tjene hos work for R19
tjeneste (en) service 7.10
  stå til tjeneste be of service 7.10

tjern [kjæ´rn] (et) pond 19.21
tjue [kju`e] *num.* twenty 3
tjueannen [kjuea`en] *ord.* twenty-second 22
tjuefemte [kjuefem`te] *ord.* twenty-fifth 25
tjuefjerde [kjuefjæ`re] *ord.* twenty-fourth 24
tjueførste [kjuefør`ste] *ord.* twenty-first 21
tjuende [kju`ene] *ord.* twentieth 20
tjuetredje [kjuetred`je] *ord.* twenty-third 23
to *num.* two 1.37
tobakk [tobakk´] (en) tobacco 3.7
tog [tå´g] (et) train 11.15; parade 25.1
togtabell [tå`g/tabell˙] (en) time table 11.25
togvindu [tå`g/vin˙du] (et) train window 12
tolv [tåll´] *num.* twelve 9.27
tolvte [tål`te] *ord.* twelfth 12
tom [tomm´, tåmm´] *adj.* empty 14.5
topp [tåpp´] (en) top 5.35
torsdag [tå´rsda, tår´sda] Thursday 7
torv [tår´v] (et) market place 8.19
traff *cf.* **treffe**
trakk *cf.* **trekke**
trang *adj.* narrow 19.17
  trangt om plassen crowded 19.17
trapp (ei) stairs 23.30 (R12)
travel [tra´vel] *adj.* busy 20.38
  få, ha det travelt be busy 20.38
tre *num.* three 6.33
tre *pl.* **trær** (et) tree 12.23; wood R21
tredje *ord.* third 23.24
tredve [træd`ve] *num.* thirty 7.15
treffe (traff, truffet) [trof`fet] 10.37 (*cf. Gram* 11.2)
tregrense [tre`/gren˙se] (en) tree line 12.20
trekke (trakk, trukket) [trok`ket] draw 16.26
  trekke pusten breathe 16.26
trenge (-te, -t) need 7.7
  det trenges it is necessary 20.30
trengsel [treng´sel] (en) crowd, press 19.18
trett *adj.* tired 21.15
tretten [tret`t^{e}n] *num.* thirteen 17.32
trettende [tret`t^{e}ne] *ord.* thirteenth 13
tretti [tret´ti] *num.* thirty 3
trikk (en) streetcar 5.29
trikkeholdeplass [trik`ke/hålleplass˙] (en) streetcar stop R16
tro (en) faith R23
tro (-dde, -dd) think, believe 2.40 (*cf. Gram.* 4.4)
  tro hva I wonder what R11[1]
  tro på believe in R23
  jeg tror ikke det I don't think so 9.5
Trygdekassen [tryg`de/kas˙sen] the National Health Plan R18
trygdekassenummer [tryg`dekasse/nom˙mer] (et) National Health Plan number 16.37
trygg *adj.* safe, secure R12
trykket *adj.* pressed R20
Tryvannskleiva [try´vanns/klæi˙va] the skiing hill at Tryvann in Nordmarka 19.36
Tryvannsstua [try´vans/stu˙a] the restaurant at Tryvann in Nordmarka 19.37
Tryvannstårnet [try´vans/tå˙rne] the tower on the ridge above Tryvann 19.29
Tryvannsåsen [try´vans/å˙sen] the ridge above Tryvann in Nordmarka R24
Tryvasshøgda [try´vass/høg˙da] the summit of the ridge above Tryvann R24
trær *cf.* **tre**
tråkke (-et, -et) tread 19.18
tull (et) nonsense R20
tun (et) yard R21
tung [tong´] *adj.* heavy 13.7
tungvint [tong`/vin˙t] *adj.* inconvenient 18.25
tunnell [tunell´] (en) tunnel 12.4
tur (en) trip 2.26; turn 8.22
  tur retur round-trip ticket 11.18
  etter tur in turn R19
  i tur og orden one after the other, in order R17
  ha god tur bon voyage 10.40
turde *cf.* **tør**
turist [turis´t] (en) tourist 4.3
Turistforeningen [turis´t/fåre´ningen] the Norwegian Tourist Society 12.34
turisthytte [turis´t/hyt˙te] (ei) tourist cabin 18.4
turnsko [tu´rn/sko˙] (en) gym shoe R20
tusen [tu´sen] *num.* thousand 6.11
  tusen takk thank you very much 6.11
tvert *cf.* **mot**
tvil (en) doubt R23
tvile (-te, -t) doubt R17
  tvile på doubt R17
tviler (en) doubter R23
tvilrådig [tvi`l/rå˙di] *adj.* confused, in doubt R21
tykk *adj.* thick 24.25 (R13); fat R21
tysk *adj.* German 14.20
Tyskebryggen [tys`ke/bryg˙gen] the German Wharf in Bergen 5.18
tyve *num.* twenty 7.19
tyvende [ty`vene] *ord.* twentieth 20
tærne *cf.* **tå**
tør [tørr´], **turde** dare R13
  det tør kanskje hende maybe it will happen R13

tørke (-et, -et) dry R21
tørr *adj.* dry 10.8
  verken vått eller tørt neither drink nor food R15
tørre (-et, -et) dry (out) R11[2]
tørst *adj.* thirsty R12
tøv (et) nonsense R18
tå *pl.* **tær** (ei) toe 19.18
tårn [tå´rn] (et) tower 19.28

U

ubehagelig [ubeha´geli] *adj.* uncomfortable, unpleasant 10.11
ubehagelighet [ubeha´geli/he·t] (en) discomfort R18
u-båt [u´/bå·t] (en) submarine R25[2]
udiktet [u`/dik·tet] *adj.* uncomposed R23
uff *excl.* oh 6.12
ufrisk [u`/fris·k] *adj.* unhealthy R23
ufruktbar [u`frukt/ba·r] *adj.* sterile R23
ufødt [u`/føtt·] *adj.* unborn R23
uke (ei) week 2.37
  forrige uke last week R13
  midt i uken in the middle of the week R19
ukedag [u`ke/da·g] (en) week-day 7
umulig [umu´li] *adj.* impossible 25.4 (R22)
under [un´ner] *prep.* under 21.35 (R17); during 16.12
undergrunnsbane [un`nergrunns/ba·ne] (en) subway 19.9
underlig [un`derli] *adj.* strange 21.16
undersøke (-te, -t) [un`ner/sø·ke] examine, investigate 16.18
ung [ong´] *adj.* young R18; **yngre** [yng´re] younger 6.33
ungdom [ong`/dåm·] (en) youth 24.39 (R18)
unge [ong`e] (en) child 21.36 (R15)
universitet [universite´t] (et) university 6.23
  gå på universitetet go to the university 6.23
  ved universitetet at the University 22.37
Universitetsbiblioteket [universite´ts/biblioteˑket] the University Library 22.18
unna *adv.* away 17.26
  langt unna far away 17.26
unnskyld [unn´/sjyll·] *excl.* excuse me 1.21
unntatt [unn´/tatt·] *adv.* except 16.17
ur (et) clock, watch R17
urett [u`/rett·] (en) injustice, wrong R25[1]
urimelig [uri´meli] *adv.* unreasonably R19
uro [u`/ro·] (en) restlessness R22
usagt [u`/sak·t] *adj.* unsaid R20
uskyldig [usjyl´di] *adj.* innocent R22
ut *adv.* out (motion) 4.5 (*cf. Gram.* 8.2)
  be ut invite out 8.1
  leie ut rent out 4.5
  se ut look, appear 6.34
  de visste hverken ut eller inn they knew nothing, were completely confused R22
utafor *cf.* **utenfor**
ute *adv.* out (location) 14.1 (*cf. Gram.* 8.2)
  ligge ute sleep outdoors 18.6
uten *prep.* without 4.24
utenfor [u`t^{e}n/fårr·] *prep.-adv.* outside (of) 17
utenlandsk [u`ten/lan·sk] *adj.* foreign R22
utfor [u`t/fårr·] *prep.-adv.* down, off R15
  falle utfor taket fall off the roof R15
utforkjøring [u`tfår/kjø·ring] (en) downhill (ski) run R24
utgangspunkt [u`tgangs/pong·kt] (et) starting point 19.5
uti *adv.* out into R19
utland [u`t/lann·] (et) foreign countries 17.38
utlending [u`t/len·ning] (en) foreigner 24.28
utmerket [u´t/mær·ket, u´d/mær·ket] *adj.* excellent 7.23
utover [u´t/å·ver] *prep.-adv.* out along, out over 22.18 (R15)
  utover dagen in the course of the day R24
utpå [u`tpå] *prep.*: **utpå dagen** later in the day R24
  utpå høsten late in the fall 24
utrolig [utro´li] *adv.* unbelievably R22
utsikt [u`t/sik·t] (en) view 5.38
utslitt [u´t/slitt·] *adj.* worn out R25[2]
utstyr [u`t/sty·r] (et) equipment 18.1
uvant [u`/van·t] *adj.* unaccustomed R19

V

vakker [vak´ker] *adj.* beautiful 10.18
valg (et) choice R16
valgt *cf.* **velge**
vanlig [va`nli] *adj.* usual 16.30
  som vanlig as usual 23.5
vanligvis [va`nli/vi·s] *adv.* usually 9.37
vann (et) water 1.51; lake 13.35
vannkopper [vann`/kåp·per] *pl.* chicken pox 16.30
vanskelig [van`/skeli] *adj.* difficult, hard 12.4
  jeg har vanskelig for å it's hard for me to LL14
vant *adj.* accustomed 14.12
  vant til used to 14.12
vant *cf.* **vinne**
var *cf.* **være**
vare (en) ware, *pl.* groceries R14

vare (-te, -t) [va`rte, va´rt] last 24.17 (R15)
varm *adj.* warm, hot 4.26
varme (en) heat R19
varme (-et, -et) warm, heat 24.1 (R23)
vaske (-et, -et) wash 8.30
vaskeri [vaskeri´] (et) laundry 8.29
ved [ve´] *prep.-adv.* at, by 3.31
  ved sjøen by the sea 10.22
  ved tolvtiden around twelve o'clock 9.27 (*cf. Gram.* 10.1)
  ved universitetet at the University 22.37
  bli ved continue R23
  like ved near by 20.40
  like ved siden av right next door 4.25
  den var det ikke stort ved there wasn't much to that R11[2]
vedta [ve´/ta˙] **(-tok, -tatt)** adopt 25.9
veggmaleri [vegg`/maleri˙] (et) mural 20.2
vei (en) way 1.28; road 14.9
  noe i veien something wrong 14.38
  på vei on the way 18
  fly din vei fly away R20
  legge i vei set out, leave 13.20
  prate i vei chat away R20
veit (*New Norwegian*) = **vet** LL22
veiviser [væi`/vi˙ser] (en) guide R14
vekke (-et, -et) wake 4.36
veksle (-et, -et) change, cash 17.11
vel [vell´] *adv.* well, I suppose 3.2 (*cf. Gram.* 18.2)
  vel bekomme you're welcome (after being thanked for a meal) 3.2
  ja vel certainly, all right 7.12
  nei vel all right, OK (*after a negative*) 16.37
velbygd [vel`/byg˙d] *adj.* well built R13
veldig [vel`di] *adv.* extremely, very 8.2
Velferdshuset [vel`færds/hu˙se] the Student Union 22.34
velge (valgte, valgt) [val`kte, val´kt] choose, elect 25.17 (R16)
velkledd [vel`/kledd˙] *adj.* well-dressed R16
velkommen [velkåm´men] *adj.* welcome 2.8
vende (-te, -t) [ven`ne] turn 4.22
  vende mot face 4.22
  vende tilbake return R20
venn (en) friend 2.7
  til venn as a friend R23
venninne [vennin`ne] (en) girl friend 6.29
venstre [ven´stre] *adj.* left 1.27
  til venstre to the left, on the left 1.27
vente (-et, -et) wait 5.24
  vente (+ *direct object*) expect 24.3 (R12)
  vente på wait for 14.1
venteværelse [ven`te/væ˙r^{e}lse] (et) waiting room 16

veranda [veran´da] (en) veranda R16
verd [vær´d] (et) value, worth R25[1]
verd [vær´d] *adj.* worth R19
verden [vær´den] (en) world LL13
  du store verden my heavens R21
verdenskrig [vær´dens/kri˙g] (en) world war R22
verdensmann [vær´dens/mann˙] (en) man of the world R22
verk [vær´k] (et) work (of art) 21.8
verken [vær`ken] *conj.* (*also* **hverken**) neither R15
  verken . . eller . . neither . . nor R15
verre [vær´re] *comp. adj.* worse R21
verst [vær´st] *sup. adj.* worst 15.38
  det var ikke verst that wasn't bad 15.38
vertinne [værtin`ne] (en) landlady 4
veske (en) (shopping) bag R13
vesle = **lille** R15
vest *adj.* west R24
Vestbanestasjonen [ves`tba˙ne/stasjo˙n^{e}n] the West Railroad Station in Oslo 20.6
Vestlandet [ves`t/lan˙ne] Western Norway 12.21
  på Vestlandet in Western Norway 12.21
vestlig [ves`tli] *adj.* westerly R24
Vest-Norge [ves`t/når˙ge] Western Norway R24
vestside [ves`t/si˙de] (en) western side R24
vet *cf.* **vite**
vi, oss [åss] *pron.* we, us 2.30
vidde (ei) plateau, mountain heights 12.28
videnskapelig [videnska´peli] *adj.* scientific (*also* **vitenskapelig**) R22
Videnskapsakademiet [vi`denskaps/akademi˙e] the Academy of Science R22
videre *comp. adv.* farther 18.38 (R12)
  og så videre etcetera 18.38
vidt [vitt´] *adv.* widely R23
  så vidt barely 11.40
Vigelandsmuséet [vi`gelans/muse˙e] the Vigeland Museum in Oslo
viking [vi`king] (en) viking, (Old Scandinavian) pirate 20.25
vikingskip [vi`king/sji˙p] (et) viking ship 20.20
viktig [vik`ti] *adj.* important R22
vil *cf.* **ville**
vilje (en) will, intent R16
  med vilje intentionally R16
  uten vilje selv without a will of his own R23
vill *adj.* wild 12.3; bad-tempered R15
Villanden [vill`/an˙nen] The Wild Duck (play by Henrik Ibsen) 23.17

ville (*pres.* **vil** [vill´], **ville, villet**) will, want to 1.14 (*cf. Gram.* 2.3)
  jeg vil mer enn gjerne I'd like very much 23.15
  jeg vil svært gjerne I'd like very much 5.9
vin (en) wine 1.53
vindpust [vinn`/pus˙t] (en) breath of wind R16
vindstille [vinn`/stil˙le] (en) calm R24
vindu [vin`du] (et) window 4.22
vindusplass [vin`dus/plass˙] (en) window seat 11.17
vinliste [vi`n/lis˙te] (en) wine list 9.3
vinter [vin´ter] (en) winter 10.20
  om vinteren in the wintertime 19.13
vintersted [vin`ter/ste˙d] (et) winter place R16
vintervei [vin`ter/væi˙] (en) winter driving conditions R24
virkelig *adj.* real R22
virkelig [vir`keli] *adv.* really 10.35
vis (-t [vi´st], -e) *adj.* wise R11[1]
vise (-te, -t) show, display 2.38
visergutt [vi`ser/gutt˙] (en) errand boy R22
viss certain R22
  med visse mellomrom at certain intervals R22
visshet [viss´/he˙t] (en) certainty R20
visst *adv.* certainly 20.26
vite (*pr.* **vet; visste, visst**) know 4.4 (*cf. Gram.* 14.2)
  vite om know about 4.5
vogn [vång´n] (ei) (railroad) car 11.13
vognrekke [vång`n/rek˙ke] (en) row of cars R14
vokse (-te, -t) [våk`se] grow 13.40
voksen [våk`sen] *adj.* adult, grown-up R21
vond [vonn´] *adj.* bad, harmful; angry 15.35
  gjøre vondt hurt 16.24
  ha vondt be in pain, have pain 16.16
vri (vred [vre´] *or* **vridde, vridd)** twist R21
  vri på seg twist, turn away R21
vær (et) weather 10.5
  lettere vær clearing R24
være (*pres.* **er** [æ´r]; **var, vært**) be 1.18
  være dus say **du** to each other 12.38
  være folk behave properly, be civil R20
  være med come along 5.7
  vær så god here you are, you're welcome 1.31
  det var bra that's fine 1.18 (*cf. Gram.* 3.6)
  er blitt has (have) been, become 16.31 (LL15)
værelse [væ`r^{e}lse] (et) room 4.1
  på værelset in the room 4
værmelding [væ`r/mel˙ling] (ei) weather report R24
værvarsel [væ`r/var˙sel] (en) weather prediction (warning) R24
værvarsling [væ`r/var˙sling] (ei) weather report R24
våken *adj.* awake R23
  holde våken keep awake R23
våkne (-et, -et) awaken 23.11
våpen [vå´p^{e}n] (et) weapon R23
vår (en) spring 6.32
  i vår this spring 6.32
  om våren in the springtime 10.18
vår *poss.* our(s) 2.21
vårsol [vå`r/so˙l] (ei) spring sun LL10
våt *adj.* wet R11[2]
  verken vått eller tørt neither drink nor food R15

Y

yngre *cf.* **ung**
ytre *comp. adj.* outer R24
yttertøy [yt`ter/tøy˙] (et) wraps 23.29

Æ

ære (en) honor 25.6
  til ære for in honor of 25.6

Ø

øl [øll´] (et) beer 1.52
ønske (-et, -et) wish R23
øre (en) *øre*, 1/100 of a *krone* 1.43
øre (et) ear 16.23
ørret (en) trout 13.37
øst *adj.* east 4.22 (*also* **aust** [æust] R24)
østafjells [øs`ta/fjell˙s] *adv.* east of the mountains R24
Østlandet [øs`t/lan˙ne] Eastern Norway 10.26
  på Østlandet in Eastern Norway 10.26
øve (-et, -et) practice, accomplish R25[1]
øvelse (en) practice 24.32
  ha øvelse be in practice, practice 24.32
øvre [ø`vre] *comp. adj.* upper R24
øy (ei) island 5.39
øye (et) eye 15.37 (*pl.* **øyne**)
  få øye på catch sight of R14
  holde øye med keep an eye on LL23
  sette øynene på look at R20
  være snill i øynene have kind eyes R20

øyeblikk [øy`e/blikk˙] (et) moment 6.7
 i siste øyeblikk at the last moment 11.40

Å

å *infinitive marker* to 1.32
å *excl.* oh 2.27
 å ja oh 20.26
åker [å´ker] (en) field 15.22
 på åkeren in the field 15.22
åpen [å`pen] *adj.* open R21
 under åpen himmel under the open sky R23
åpent *adv.* openly R13
åpne (-et, -et) [å`pne] open R14
år (et) year 3.16
 året rundt year round 13.31
 gjennom hundre år for a hundred years R22
 i ti år for ten years 3.16
 om året a year, per year R22
århundre [århun´dre, å´r/hun˙dre] (et) century 22.4
 forrige århundre the last century 22.4
årsak [a`r/sa˙k] (en) cause 6.9
 ingen årsak you're welcome 6.9
årstid [å´rs/ti˙d] (en) season 10.16
åssen *cf.* **hvordan**
åtte *num.* eight 7.15
åttende [åt´t^{e}ne] *ord.* eighth 8
åtti [åt´ti] *num.* eighty 13.10